IBDP CHINESE B
LISTENING AND READING

IBDP中文B听读精练

冯薇薇（Vivienne Fung） 主编

HL 3

SinolinguA
华语教学出版社

First Edition 2020

ISBN 978-7-5138-1949-7

Published by Sinolingua Co., Ltd
24 Baiwanzhuang Street, Beijing 100037, China
Tel: (86)10-68320585, 68997826
Fax: (86)10-68997826, 68326333
http://www.sinolingua.com.cn
E-mail: hyjx@sinolingua.com.cn
Facebook: www.facebook.com/sinolingua
Printed by Dachang Rainbow Printing Co. Ltd

Printed in the People's Republic of China

前言

人类社会步入21世纪，整个地球村以前所未有的速度发生着日新月异的变化，不同国家、不同地域的人们之间相互沟通和了解的需求也与日俱增。IB语言课程的学习将语言能力的提升作为桥梁，以相互理解、团结协作、树立国际视野作为学习的终极目的，这与今日世界的全球化趋势是一致的。

为了更好地满足IBDP中文B课程师生对于阅读及听力材料的需求，我们根据IBDP中文科目的五大主题（身份认同、个人经历、发明创造、社会组织、共享地球）选取了一批文章，分类整理成阅读文本和听力文本，并根据IB新大纲（2020年版）配以类型丰富、内容科学的练习题，进而形成了这套听读精练图书。本书每册对应IBDP的一个主题，每个主题分为HL、SL两个级别，通过有针对性的训练（听力训练的音频文件可以直接在华语教学出版社官网上下载），帮助学生在较短时间内稳步提高中文的阅读和听力理解能力。

中国是一个有着五千年历史的文明古国，也是一个焕发着勃勃生机的青春之国。为了让学习者更好地了解这个国家，本书所选取的阅读及听力文本不仅介绍了中国丰富多彩的文化传统，更介绍了今天中国社会的新鲜变化，内容涉及普通人的工作生活、科技的飞速发展、教育的改革变迁等，不仅契合IBDP中文B的五大主题，也体现了一个真实细腻的中国。通过本书，学习者不仅能提高自己中文的听读及表达能力，更能够逐步加深对中国社会的了解，进而达到IB所倡导的建立文化理解、培养国际视野的教育目标。

长风破浪会有时，直挂云帆济沧海。希望本书能陪伴学习IBDP中文B的学生踏上语言学习和文化沟通之路，摘取考试成功的桂冠！

目 录

中国进入“刷脸”时代

故宫：与时俱进的文化偶像

世界非遗“二十四节气”

把敦煌莫高窟“搬”进美国加州

阅读文本

把敦煌莫高窟“搬”进美国加州

如果你从没有沿着古丝绸之路行走过，你恐怕很难想象，在中国大漠深处的敦煌竟隐藏着如此生动的世界艺术宝藏——莫高窟。为了让美国人民在自己的家乡也能够一睹莫高窟的风采，美国盖蒂保护研究所和敦煌研究院合作，举办了题为“敦煌莫高窟：中国丝绸之路上的佛教艺术”的展览。

他们从莫高窟现存500多个洞窟里选择了3个洞窟，由中国的艺术家进行1:1等比例复制，在洛杉矶展出。这就好像把敦煌莫高窟“搬”进美国的加州。另外，盖蒂保护所还与欧洲的4家博物馆联系，把敦煌“藏经洞”的珍稀经文借出，这其中的一些重要文献是首次走出博物馆，公开进行展览。

莫高窟的历史可以追溯到公元4世纪至14世纪。在佛教盛行的中国古代，中国的祖先们用简陋的工具在山洞里雕刻出各种各样的佛经故事，描绘出富丽多彩的山川景物、亭台楼阁。近千年来，历经地震、洪水、风沙和战乱，敦煌莫高窟都幸运地存活下来，现在它是中国建设丝绸之路经济带的重要文化节点。

据了解，中美两个研究所在莫高窟文化遗产保护上已经合作了20多年，他们的工作就是用专业的技术手段对日渐脆弱的莫高窟现场和壁画进行管理修复。

虽然他们在合作之初并没有想过会举办这样一个展览，但不得不说，艺术家们经过多年苦心复制建造，把莫高窟“搬”进美国加州是一个非常有价值的举措。

敦煌莫高窟是丝绸之路上的文化明珠，更是人类共同的宝藏，值得全世界的尊重和保护。

阅读练习

一、根据文章的内容，从下面各题的四个选项中选出正确答案。（5分）

1. 敦煌研究院和哪个机构进行了文化合作？ □

A. 英国盖蒂保护研究所　　B. 美国盖蒂保护研究所

C. 芝加哥当代美术馆　　D. 蒙特利尔艺术中心

2. 莫高窟里的艺术品呈现的是______故事。 □

A. 儒家　　B. 道教

C. 佛教　　D. 民间传说

3. 这次艺术展在下面哪个城市举行？ □

A. 北京　　B. 敦煌

C. 伦敦　　D. 洛杉矶

4. 艺术家们从莫高窟选择了多少个洞窟进行复制和展览？ □

A. 300 个　　B. 500 个

C. 3 个　　D. 1 个

5. 这次展览除了莫高窟的艺术品，还会有______展出。 □

A. 诗歌　　B. 佛经

C. 丝绸　　D. 建筑

二、根据文章的内容，把左边的解释和右边的词语对应起来。（5分）

6. 看到，欣赏到	□	A. 复制
		B. 选择
7. 今天还保有	□	C. 一睹
		D. 保护
8. 和原来的大小尺寸一致	□	E. 日渐脆弱
		F. 合作之初
9. 生命力一天比一天弱	□	G. 等比例
		H. 现存
10. 刚刚开始一起做一件事的时候	□	I. 想象

三、根据文章的内容，回答下面的问题。（3分）

11. 中美艺术家们为什么要把莫高窟"搬"进美国加州？

____

12. 莫高窟的历史可以追溯到什么时候？

____

13. 中美研究所的科学家在20年的合作中对莫高窟文化遗产做了哪些工作？

____

四、根据文章内容，判断下列说法是对还是错，并用文中内容说明理由。（5分）

	对	错
14. 莫高窟在中国的东南沿海。 理由：________________________	□	□
15. 在洛杉矶展出的是莫高窟所有的艺术品。 理由：________________________	□	□
16. 为了洛杉矶的展览，中美两国的艺术家一起复制了莫高窟的艺术品。 理由：________________________	□	□
17. 中美两国的艺术家刚开始合作时并没有打算办展览。 理由：________________________	□	□
18. 把中国的艺术品“搬”到美国进行展览，是一次非常有意义的尝试。 理由：________________________	□	□

五、根据文章的内容，从右边选出最合适的结尾来完成左边的短句。（4分）

19. 美国人民在自己的家乡 □
20. 这就好像把敦煌莫高窟 □
21. 中美两个研究所 □
22. 莫高窟是人类 □

A. 与欧洲的私家博物馆联系。
B. 也可以欣赏到莫高窟的风采。
C. 追溯到公元4世纪至14世纪。
D. 已经合作了很多年。
E. 进行1:1等比例的复制。
F. 首次走出博物馆。
G. 共同的文化宝藏。
H. “搬”进美国加州。

六、根据文章的内容，把下面的段落和正确的段落大意搭配起来。（3分）

23. 第一段 □
24. 第二段 □
25. 第三段 □

A. 莫高窟所有作品的历史
B. 莫高窟在地震中遭到的破坏
C. 此次展览包括的展品
D. 介绍丝绸之路
E. 莫高窟的历史和重要文化意义
F. 中美研究所在美国举办了敦煌艺术展

听力练习

一、根据录音内容，回答下面的问题。（5分）

1. 2016年，谷歌在人工智能领域的一个重要进展是什么？

____

2. 输给电脑程序的欧洲围棋冠军樊麾是哪国人？

____

3. 围棋最早出现在哪个国家？

____

4. 人类在下棋的时候为什么会感到压力？

____

5. 电脑程序为什么能在围棋比赛中战胜人类？

____

二、根据录音内容，选择正确答案。（5分）

6. 电脑程序和樊麾比赛下围棋，最后的成绩是 □

A. 1:0　　B. 2:0

C. 3:0　　D. 5:0

7. 下面哪种棋类游戏被认为是世界上最复杂的棋盘游戏? □

A. 象棋
B. 五子棋
C. 围棋
D. 三子棋

8. 围棋已经有多少年的历史了? □

A. 3000 多年
B. 4000 多年
C. 5000 多年
D. 以上都不对

9. 下面哪一项不属于中国古人所说的“四艺”? □

A. 舞
B. 琴
C. 棋
D. 画

10. 人类在下棋的时候可能出现各种导致失误的问题，下面哪一项文中没有提到? □

A. 疲惫
B. 想赢
C. 肚子饿
D. 马虎

三、根据录音内容，判断下列说法的对错。（5 分）

11. 樊麾和计算机进行比赛的过程中，他让了棋。 □

12. 在和樊麾进行比赛之前，计算机与人类下围棋有输也有赢。 □

13. 樊麾觉得虽然输了比赛很难过，但是也有收获。 □

14. 电脑程序也会像人类一样，在下棋过程中出现各种不稳定的因素。□

15. 文章的作者希望围棋所蕴含的文化基因能一代一代地被人们传递下去。 □

听力文本

当人工智能遇上围棋

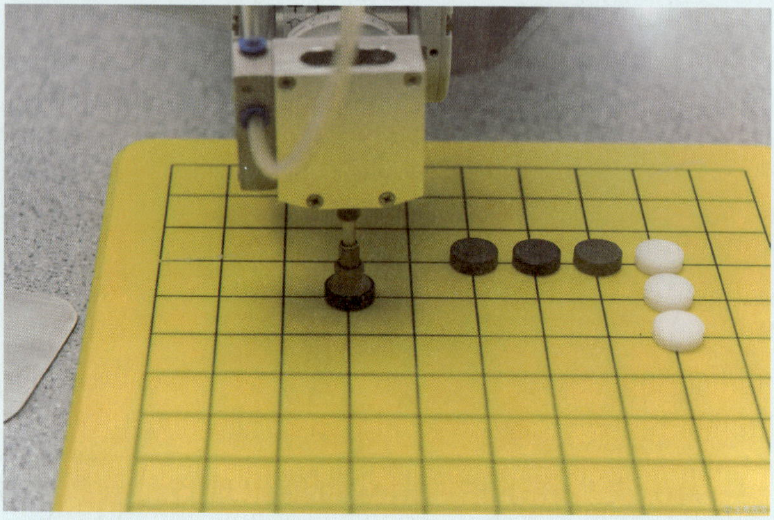

2016年1月28日上午，谷歌展示了一项人工智能领域的重要进展：能够在围棋比赛中击败职业选手的程序。这个程序也被称作“阿尔法围棋”，或“围棋机器人”。“阿尔法围棋”在2015年10月5日以5:0的总成绩击败了法籍华裔的欧洲围棋三届冠军樊麾，全程没有让棋。这让世界为之震惊。

在棋类比赛中，计算机和人类已经进行过多次的较量。在三子棋、跳棋和国际象棋等棋类比赛中，计算机都先后完成了对人类的挑战。围棋被认为是世界上最复杂的棋盘游戏，在此之前，计算机从未战胜过人类。

围棋起源于中国，中国的古人称围棋为“弈”。它属于“琴棋书画”四艺之一，至今已有4000多年的历史。表面看起来，围棋的棋盘简单、规则不难，但在这样的游戏表象之下，隐藏着令人难以置信的深度。

欧洲围棋“三冠王”樊麾在输给“阿尔法围棋”后表示，输棋确实难过，但既使失败也有所收获。他说，围棋不仅是一项比赛，还是生活的一面镜子。假如一个人的棋下得有问题，那很可能是其心理状态有问题——这就是中国人说的“棋如其人”。人类在下棋的时候有时会犯致命的错误，因为只要是人，就会疲惫、会马虎，急着想取胜会导致下棋的人感到各种各样的压力。而电脑程序则不会，它非常强大，也非常稳定。

人工智能的发展日新月异，但人工智能终究也是人类智慧的结晶，它不能取代人。它所依托的云端大数据更不能替代几千年“围棋之法”的精细微妙。希望有一天，人工智能能延伸得更广，帮助人类解决医药诊断、环境保护等最紧迫的社会问题。同时，我们也希望，围棋中蕴含的文化哲思能够世代相传。

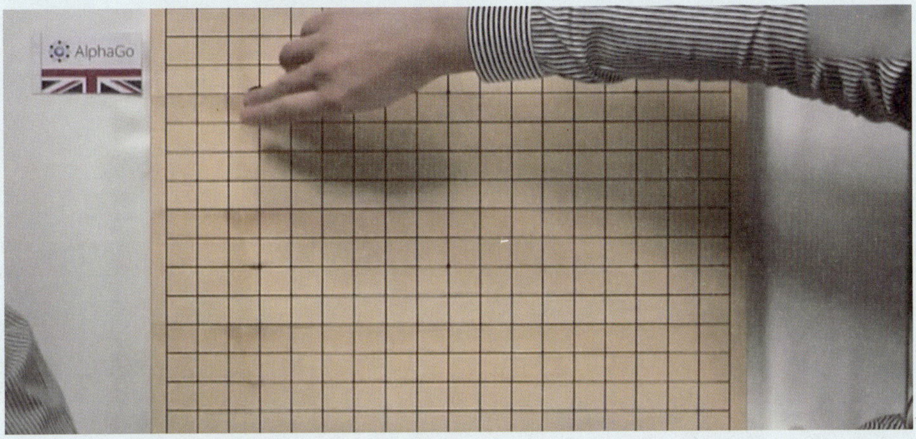

练习答案

阅读

1. B 2. C 3. D 4. C 5. B

6. C 7. H 8. G 9. E 10. F

11. 为了让美国人民在自己的家乡也能够一睹莫高窟的风采

12. 公元 4 世纪至 14 世纪

13. 用专业的技术手段对日渐脆弱的莫高窟现场和壁画进行管理修复。

14. 错。莫高窟在中国大漠深处的敦煌。

15. 错。他们从莫高窟现存 500 多个洞窟里选择了 3 个洞窟，在洛杉矶展出。

16. 错。由中国的艺术家进行 1:1 等比例复制，在洛杉矶展出。

17. 对。他们在合作之初并没有想过会举办这样一个展览。

18. 对。把莫高窟“搬”进美国加州是一个非常有价值的举措。

19. B 20. H 21. D 22. G

23. F 24. C 25. E

听力

1. 阿尔法围棋 / 围棋机器人

2. 法国人（写成“法籍华裔”也可以）

3. 中国

4. 急着取胜

5. 很强大，很稳定（必须写出两个）。

6. D 7. C 8. B 9. A 10. C

11. 错 12. 错 13. 对 14. 错 15. 对

自行车王国的变迁：单车以共享形式回归

阅读文本

自行车王国的变迁：单车以共享形式回归

2016年12月，中国华北地区遭遇了严重的空气污染，23个城市启动红色预警。5天的雾霾笼罩，再次唤起了人们对绿色出行的关注，也让近两年中国异常火爆的共享单车成为海内外网友探讨的热门话题。

自行车对于中国人来说是再熟悉不过的交通工具了。在20世纪六七十年代，每个家庭都梦想拥有一辆自行车，有了它，就觉得是过上了“小康”的幸福生活。后来，随着生产力的发展，自行车成为了百姓日常生活的必备品和陪伴几代人的最重要的交通工具。

20世纪90年代以后，中国经济繁荣发展，汽车保有量大大增加，自行车逐渐被取代。直到今天，许多中国人依旧把汽车作为财富的象征。

随着移动互联网的快速发展和人们环境保护意识的逐步加强，自行车以一种“共享经济”的新形态再度回到了中国人的视线之中。

其实，世界上的很多国家，特别是欧洲国家，都有成熟的公共自行车租赁系统，大多由政府主导，市民通过投币或办卡，到指定停车位租用和停靠自行车。但中国的共享单车有所不同，以目前规模较大的“摩拜单车”和“小蓝单车”为例，人们通过智能手机就可以快速租用和归还一辆单车，扫描车上的二维码即可解锁车辆，而且没有固定停车位，

人们可以自由停靠，每台单车上都装有全球定位系统追踪器，打开手机上的应用软件就可以随时查看附近的可租用车辆。

可以说，中国的共享单车行业搭上了移动互联网快速发展的便车，在智能化和便利性方面都领先了一步，这也使得它在城市中获得了飞速普及和发展。从2015年起，中国的共享单车数量就已经超过了其他国家的总和。

虽然共享单车的发展也经历了不少起伏，有的品牌已经退出了这一市场领域，但可以肯定的是，共享单车的出现会带动自行车相关产业再度兴起。更为重要的是，它正在转变人们的出行观念，令人们的短距离出行变得更加方便。这一共享形态也是中国对提高效率、降低成本的追求和环保理念的凸显。

阅读练习

一、根据文章的内容，从下面各题的四个选项中选出正确答案。（5分）

1. 2016年12月，中国华北地区的部分城市启动了空气污染________预警。 □

A. 蓝色　　B. 黄色

C. 红色　　D. 橙色

2. 在20世纪90年代以前，中国人出行的主要方式是______。 □

A. 步行　　B. 骑自行车

C. 坐地铁　　D. 开私家车

3. 下面哪个原因使得自行车在中国社会被逐渐取代？ □

A. 空气污染　　B. 汽车工业发展快

C. 骑自行车不方便　　D. 经济的发展繁荣

4. 从什么时候起，中国的共享单车数量超过了其他国家的总和？ □

A. 2005年　　B. 2010年

C. 2015年　　D. 2018年

5. 下面哪一个选项不是文中给出的共享单车带来的好处？ □

A. 带动自行车相关产业的发展　　B. 促使人们转变出行观念

C. 降低汽车企业的生产成本　　D. 使短距离出行更加方便

二、根据文章的内容，把左边的解释和右边的词语对应起来。（5 分）

6. 碰到（多指不好的事物） □

7. 非常的流行和热门 □

8. 家庭的经济状况可以保持在中等水平生活 □

9. 推广开来，获得大众的认可和接受 □

10. 又一次，再一次 □

A. 关注
B. 发展
C. 遭遇
D. 普及
E. 再度
F. 火爆
G. 小康
H. 大众
I. 梦想
J. 未来

三、根据文章的内容，回答下面的问题。（4 分）

11. 20 世纪六七十年代，拥有自行车对中国家庭来说有什么象征意义？

____

12. 在中国，人们怎样租用共享单车？

____

13. 共享单车的停车位在哪里？

____

14. 人们怎么样才可以找到共享单车？

____

四、根据文章内容，判断下列说法是对还是错，并用文中内容说明理由。（5分）

	对	错
15. 严重的空气污染使得绿色出行受到了人们的关注。 理由：______	□	□
16. 很多中国家庭在今天仍然把自行车作为出行的主要工具。 理由：______	□	□
17. 外国的公共自行车租赁系统比中国的更加方便好用。 理由：______	□	□
18. 中国的共享单车无论是在城市还是乡村都得到了极好的推广。 理由：______	□	□

	对	错
19. 共享单车与环保有着密切的关系。 理由： ____	□	□

五、根据文章的内容，从右边选出最合适的结尾来完成左边的短句。（3分）

20. 共享单车成为 □
21. 每个家庭都梦想 □
22. 打开应用软件就可以 □

A. 人们对绿色出行的关注。
B. 全球定位系统。
C. 网友探讨的热门话题。
D. 拥有一辆自行车。
E. 把汽车作为财富的象征。
F. 查看附近可租用的车辆。

六、根据文章的内容，把下面的段落和正确的段落大意搭配起来。（3分）

23. 第一段 □
24. 第二段 □
25. 第三段 □

A. 中国的交通工具
B. 空气污染使共享单车成为网友热议的环保话题
C. 北京的空气污染问题
D. 20世纪90年代以后，自行车逐渐被取代
E. 自行车曾经是中国人生活中的必备品
F. 中国的经济发展

听力练习

一、根据录音内容，回答下面的问题。（5分）

1. 英国的乔治王子入学后，除了学习英语、数学和芭蕾课程之外，还要学习哪一门课程？

____

2. 哪个国家的广播公司推出了免费的线上中文课程？

____

3. 现在，俄罗斯有多少大学开设了汉语课？

____

4. 汉语是世界上什么样的语言之一？

____

5. 通过学习汉语，除了可以体会中华民族的性格，还可以了解些什么？

____

二、根据录音内容，回答下面的问题。（5分）

6. 海湖庄园会晤是中国和哪个国家元首的会面？ □

A. 英国　　B. 美国　　C. 俄罗斯　　D. 加拿大

7. 文中提到的掀起汉语学习热潮的国家不包括哪一个？ □

A. 美国
B. 俄罗斯
C. 加拿大
D. 法国

8. 现在已经有多少个国家和地区将汉语教学纳入了国民教育体系？ □

A. 50
B. 60
C. 67
D. 70

9. 下面哪一项不属于汉语的特征？ □

A. 复杂
B. 有深厚的文化因素
C. 博大精深
D. 很容易学习和掌握

10. 汉语的“和”字一共有几种读音？ □

A. 三种
B. 四种
C. 五种
D. 六种

三、根据录音内容，判断下列说法的对错。(5 分)

11. 阿拉贝拉为习近平夫妇表演了中国歌曲《马兰花》。 □

12. 英国家长最想让孩子学习的语言是法语。 □

13. 由于中国经济的快速发展，越来越多的国家希望能了解中国。 □

14. 由于汉语的体系比较复杂，所以学习汉语对于外国人来说并不简单。 □

15. 汉语不仅是一种工具，更传递了中华民族的历史与文化。 □

听力文本

世界掀起"汉语热"

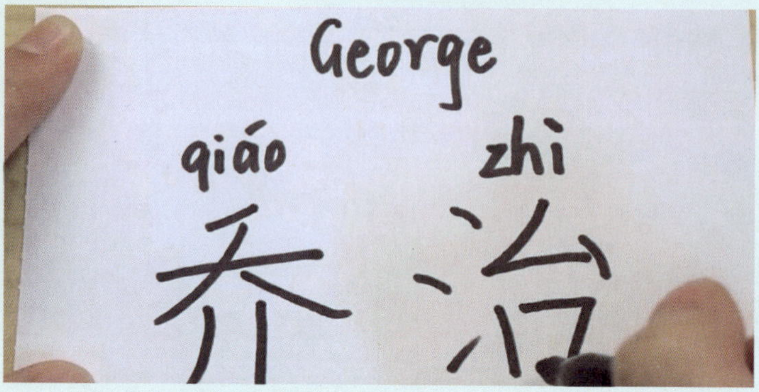

2017年9月，英国的乔治王子开始步入学堂。除了英语、数学、芭蕾等课程外，他还要学习一门课程，那就是汉语。而在2017年4月中美元首的"海湖庄园会晤"过程中，特朗普的外孙女阿拉贝拉为习近平夫妇表演了中文歌曲《茉莉花》，还背诵了《三字经》和唐诗。

近年来，世界范围内正逐渐兴起"汉语热"。英国文化教育协会日前进行了一项问卷调查，结果显示，中文成为英国家长最想让孩子学习的、"未来最有用"的语言。英国两任首相卡梅伦和特蕾莎·梅都曾亲自提倡中文学习。英国广播公司还推出了免费线上中文课程。

除此之外，美国、加拿大也掀起学习中文的热潮；俄罗斯开设汉语的高校已超过百所，一些中小学也开始引入汉语教学。截至目前，共有

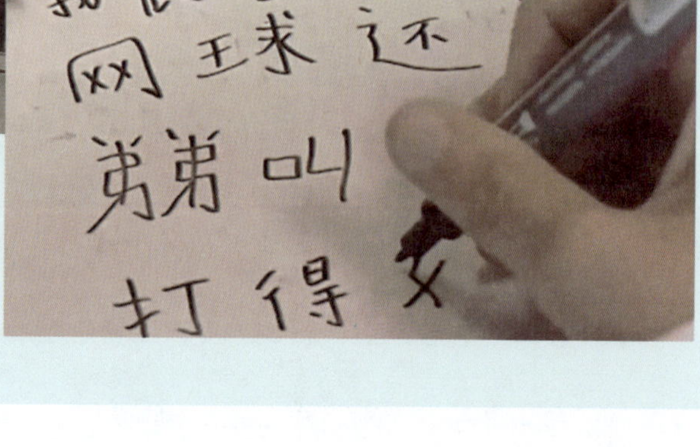

67 个国家和地区将汉语教学纳入国民教育体系。

在很多人心目中，汉语是最具代表性的中国符号之一，“汉语热”显示出了各国民众对中国的兴趣。随着中国经济的发展，越来越多的国家从这个生机勃勃的东方大国中看到了机遇，及其未来在世界舞台上的影响力。因此，人们了解中国的意愿比以往任何时候都更加强烈。

汉语是一个复杂的、博大精深的语言体系。对于外国人来说，学汉语是一个不小的挑战。比如，一个简单的“和”字就有五种不同的读音和含义。但这也正是中文的魅力所在。作为世界上最古老的语言之一，汉语不光是一种工具，汉语的背后还蕴含着深厚的文明底蕴。比如，“和”有“和平”“和谐”的意思，传达出中国民族几千年来“和为贵”“和而不同”的儒学理念。

我们欢迎各国民众学习汉语，通过汉语了解中华民族的性格、历史和文化。也祝愿即将开始学习这门语言的朋友们好运！

练习答案

阅读

1. C 2. B 3. D 4. C 5. C

6. C 7. F 8. G 9. D 10. E

11. 拥有自行车象征着这个家庭过上了“小康”的幸福生活。

12. 人们通过智能手机就可以快速租用共享单车。

13. 共享单车没有固定停车位，人们可以自由停靠。

14. 打开手机上的应用软件就可以随时查看附近可租用车辆。

15. 对。5 天的雾霾笼罩，再次唤起了人们对绿色出行的关注。

16. 错。20 世纪 90 年代以后，中国经济繁荣发展，汽车保有量大大增加，自行车逐渐被取代。

17. 错。中国的共享单车在智能化和便利性方面都领先了一步。

18. 错。中国的共享单车在城市中获得了飞速普及和发展。

19. 对。共享单车的兴起是人们环保理念的凸显。

20. C 21. D 22. F

23. B 24. E 25. D

听力

1. 汉语

2. 英国

3. 100 多所

4. 汉语是世界上最古老的语言之一。

5. 历史和文化（必须两个都写）

6. B 7. D 8. C 9. D 10. C

11. 错 12. 错 13. 对 14. 对 15. 对

太空迎来更多探索者

阅读文本

太空迎来更多探索者

2016年10月19日，中国航天员景海鹏、陈冬成功进驻“天宫二号”空间实验室，这个消息让正在国际空间站内执行任务的日俄宇航员很兴奋。日本宇航员大西卓哉通过社交媒体从太空发来消息称，“原先在地球以外的人类只有我们”，如今“天宫二号”内进驻了中国航天员，这让他“忽然产生了亲近感”。

2016年9月15日，中国成功发射“天宫二号”空间实验室，一个月后，“神舟十一号”飞船载着两名航天员进入太空，并与“天宫二号”顺利实现交会对接。按照计划，在2022年前后，中国将全面建成空间站。

与美俄相比，中国在太空探索方面一直是一个追赶者的角色。中国的航天事业从20世纪50年代才起步。由于经济、技术条件落后，不论是当时，还是后来筹划建立国际空间站，中国都遭到了技术封锁和排挤。之后，中国在航天事业上投入大量资金和资源，凭借强大的突破能力和攻坚能力，实现了巨大飞跃。

值得注意的是，未来的中国空间站预留了很多与世界各国进行合作的平台，设计了能与其他航天器对接、进行合作的接口。也就是说，中国空间站实际上更加开放。中国航天事业60年来的发展经历让中国重视国际合作，并且愿意帮助其他国家发展太空项目。

当看到“天宫二号”的新闻时，国际空间站站长、俄罗斯航天员阿纳托利·伊万尼申说：“我们不再孤单了。”人们可以感受到，这是距离地球400公里的宇航员们真实的情感表露。中国的加入让太空中又多了两个勇敢的、承载和平与发展梦想的探索者。

中国为未来的国际空间合作带来了新的机遇，也为人类的太空事业做出了巨大贡献。今后会有更多人、更多国家进入太空，浩瀚宇宙里的探索者们也将不再孤单。

阅读练习

一、根据文章的内容，从下面各题的四个选项中选出正确答案。（5分）

1. 中国成功发射“天宫二号”空间实验室的时间是在______。 □

A. 2016年9月15日　　B. 2016年10月19日

C. 2018年9月15日　　D. 2017年10月19日

2. 通过社交媒体从太空发来消息的是下面哪个国家的宇航员？ □

A. 美国　　B. 中国

C. 俄罗斯　　D. 日本

3. 搭载中国宇航员进入太空的工具是______。 □

A. 天宫二号　　B. 嫦娥一号

C. 神舟十一号　　D. 以上都不是

4. 中国的航天事业是从什么时候开始发展的？ □

A. 20世纪50年代　　B. 20世纪60年代

C. 20世纪70年代　　D. 文中没有提到

5. 下面哪一个选项是未来的中国空间站的特征？ □

A. 容纳的宇航员更多　　B. 距离地球更远

C. 更加开放　　D. 面积更大

二、根据文章内容，把左边的解释和右边的词语对应起来。（7分）

6. 进入某地或某处并驻扎下来	□	A. 浩瀚
7. 用各种方式寻找答案、解决疑问	□	B. 忽略
8. 非常大的进步和变化	□	C. 进驻
9. 没有注意到	□	D. 起步
10. 机遇，机会	□	E. 探索
11. 从现在开始到以后	□	F. 巨大飞跃
12. 面积广阔的	□	G. 对接
		H. 颇为兴奋
		I. 契机
		J. 渲染
		K. 今后

三、根据文章的内容，回答下面的问题。（5分）

13. 成功进驻空间实验室的两名中国航天员分别是谁？（1分）

____

14. 中国计划什么时候建成空间站？（1分）

____

15. 相比美国和俄国，为什么中国的航天事业起步比较晚？请写出两个原因。（2分）

A______________________________

B______________________________

16. 中国凭借谁的帮助实现了在航天领域的巨大飞跃？（1分）

____

四、根据文章内容，判断下列说法是对还是错，并用文中内容说明理由。（5分）

	对	错
17. 中国航天员的进驻让正在国际空间站里执行任务的宇航员不太高兴。 理由：____	□	□
18. 按照计划，在2020年前后，中国将全面建成空间站。 理由：____	□	□
19. 中国在太空探索方面已经超越了美国和俄罗斯。 理由：____	□	□
20. 中国的加入会给未来的国际空间合作带来新的发展机遇。 理由：____	□	□

	对	错
21. 当看到中国航天员进驻的新闻时，国际空间站站长、日本航天员表示他们不再孤单了。 理由：________________	□	□

五、根据文章的内容，把左边的段落和右边的段落大意搭配起来。（3分）

22. 第三段 □
23. 第四段 □
24. 第五段 □

A. 更多人会进入太空
B. 俄罗斯航天员对中国航天员的进驻表示欢迎
C. 中国航天事业的落后
D. 中国愿意与其他国家共同发展航天事业
E. 中国空间站的内部设置
F. 中国航天事业的成就来之不易

听力练习

一、根据录音，回答下面的问题。（5分）

1. 牛思源的照片《老人与鹰》获得了哪一年 iPhone 摄影大赛的冠军？

____

2.《老人与鹰》中的老人在哪里生活？

____

3. 在这次摄影大赛中，一共有多少幅摄影作品出自中国和华裔摄影师之手？

____

4. 这次比赛的照片必须用什么来拍照？

____

5. 录音内容与手机的什么功能相关？

____

二、根据录音，选择正确答案。（5 分）

6. 第一届 iPhone 摄影大赛是哪一年举行的？ □

A. 2005 年
B. 2006 年
C. 2007 年
D. 2016 年

7. 2016 年的 iPhone 摄影大赛一共有多少个国家的摄影师参加比赛？ □

A. 139
B. 129
C. 119
D. 109

8. 牛思源接受了哪家杂志的采访？ □

A. 老人与鹰
B. 时代周刊
C. 奥斯卡摄影
D. iPhone 摄影

9. 牛思源的获奖作品中的老人是哪个民族的？ □

A. 汉族
B. 维吾尔族
C. 哈萨克族
D. 柯尔克孜族

10. 哪一个国家是 iPhone 的全球最大消费市场？ □

A. 美国
B. 中国
C. 英国
D. 韩国

三、根据录音内容，判断下列说法的对错。（5 分）

11. 只要是用手机拍摄出来的摄影作品就可以参加 iPhone 摄影大赛。 □

12. 牛思源是一位年轻人。 □

13. 摄影师牛思源在新疆出生，也在新疆长大。 □

14. 牛思源并不是第一个在 iPhone 摄影大赛上获得冠军的中国人。 □

15. 喜欢 iPhone 手机是中国当代的年轻人用手机捕捉影像的最主要原因。 □

听力文本

一张 iPhone 照片让中国小伙登上《时代周刊》

除了打电话之外，人们每天都在用手机做什么？上网？发信息或即时通信？还是玩儿游戏？对于很多人来说，用手机拍照也许会是第一答案。如今，有一个比赛堪称手机摄影界的奥斯卡——iPhone 摄影大赛，这一比赛专门评选由 iPhone 拍出的摄影作品。这项比赛是从 2007 年第一代 iPhone 上市的时候开始举办的。

2016 年的 iPhone 摄影大赛中，中国新疆小伙牛思源凭借照片《老人与鹰》，从 139 个国家的摄影师中脱颖而出，获得年度总冠军。《时代周刊》对其进行了采访。

在牛思源的冠军作品《老人与鹰》中，画面的一半是威严的老人，另一半是高傲的老鹰，但在他们碰触的一瞬间，鹰显得温顺安静，老人的嘴角上扬，饱经风霜的面孔下是一颗柔软的心。照片中的老人是柯尔克孜族，居住在新疆南部山区，他们历代训练老鹰狩猎，并且把鹰视为自己的孩子。

能够拍出这样深沉细腻的新疆“味道”，与摄影师牛思源本身就生于新疆、长于新疆有着密不可分的关系。他镜头里的新疆神秘而又绚烂，新疆人美丽而又热情，新疆美食更是诱人无比。牛思源说：“新疆是我的家乡，是一片多元化的热土，当我看到美好画面时就会情不自禁地按下快门，想去告诉大家一个真实的新疆。”正如《时代周刊》所说，iPhone 就像人们手中的笔，不论好坏，笔从不会自己写诗，但诗人可以。

牛思源是第一个在 iPhone 摄影大赛中获得冠军的中国人，而在那一届比赛中，中国及华裔摄影师的获奖作品多达 29 幅，表现均十分抢眼。目前中国已经成为 iPhone 的全球最大消费市场，工具的普及当然是助推器，但中国当代年轻人对“表达”的追求，是促使大家举起手机捕捉影像的更重要的原因。愿越来越多的“牛思源”们根植于自己的爱，生发出更多的美。

练习答案

阅读

1. A　2. D　3. C　4. A　5. C

6. C　7. E　8. F　9. B　10. I　11. K　12. A

13. 陈冬、景海鹏（必须两个都写出来才能得 1 分）

14. 2022 年前后（必须写前后 / 左右 / 大约）

15. A 经济、技术条件落后　B 遭到外国的技术封锁和排挤

16. 中国自己的自主创新能力

17. 错。这个消息让正在国际空间站内执行任务的日俄宇航员颇为兴奋。

18. 错。2022 年前后

19. 错。与美俄相比，中国在太空探索方面一直是一个追赶者的角色。

20. 对。未来的中国空间站预留了很多与世界各国进行合作的平台。

21. 错。国际空间站站长、俄罗斯航天员阿纳托利·伊万尼申说："我们不再孤单了。"

22. F　23. D　24. B

听力

1. 2016 年　2. 新疆　3. 29 幅　4. iPhone 手机　5. 照相 / 摄影

6. C　7. A　8. B　9. D　10. B

11. 错　12. 对　13. 对　14. 错　15. 错

中国进入“刷脸”时代

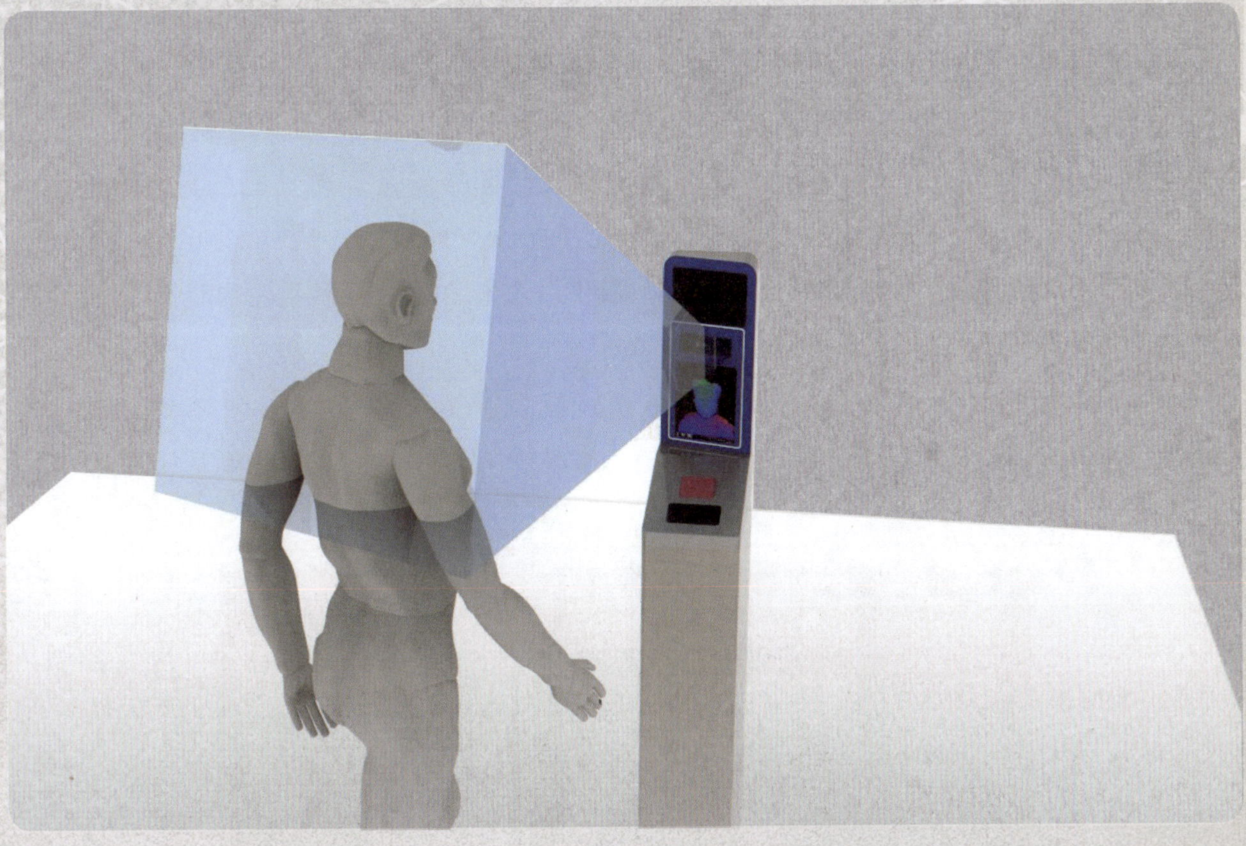

阅读文本

中国进入"刷脸"时代

在苹果公司推出 iPhone X 的时候，其创新的"刷脸"解锁功能颇为吸引眼球。其实，中国早已悄悄迎来了"刷脸"时代。

2017 年 9 月，支付宝在杭州的一家肯德基餐厅推出了刷脸支付。无需信用卡或现金，人们在自助点餐机上选好餐后，进入支付页面，选择"支付宝刷脸付款"，进行人脸识别，即可完成付款。而且据报道，支付宝的"刷脸支付"功能已经能够应对"多人 + 浓妆 + 换发型"的复杂场景。阿里巴巴集团称，这是世界上首次将面部识别技术投入商业用途。

除此之外，中国的一些银行也在推广人脸识别系统，无需插卡，通过"刷脸"即可在取款机上取走现金。

其实，人脸识别是人工智能领域发展较早的一项技术。只不过随着深度学习算法以及大数据、云计算的积累，人脸识别在近些年呈现爆发

态势。跳过了信用卡购物阶段的中国，凭借移动支付创新，直接进入无卡、无现金消费时代。这一支付习惯的养成，让人脸识别在中国金融、消费领域更容易推广开来。

也许还没等人们反应过来，将来在中国购物可能连手机都不需要了，只需要对着摄像头给出“一个微笑”。

中国的人工智能已经取得了长足进展。现在，像阿里巴巴、百度、科大讯飞这些企业，在人工智能领域的研究颇有建树。中国在人工智能应用方面的技术创新已拥有超越其他国家的实力。另一方面，中国政府制定人工智能发展规划，到2030年要达到世界领先水平，足以看出其对相关领域的支持，以及要将中国建设成世界科技强国的决心。

此前有外媒评论，中国已经从模仿者转变为创新者，会担负起全球科技领导者的角色。可以肯定的是，在世界新一轮科技革命中，将有越来越多中国的身影。

阅读练习

一、根据文章的内容，从下面各题的四个选项中选出正确答案。（5分）

1. “刷脸解锁”是哪家手机公司的创新产品？ □

A. 黑莓　　B. 松下　　C. 小米　　D. 苹果

2. 关于支付宝的刷脸支付，下面哪个选项不正确？ □

A. 无需用现金或刷信用卡

B. 是基于面部识别技术的支付功能

C. 如果化了浓妆将无法被识别

D. 最早应用于杭州的一家肯德基餐厅

3. 推出支付宝刷脸支付功能的企业是_____。 □

A. 科大讯飞　　B. 阿里巴巴

C. 百度　　D. 以上都不是

4. 将来在中国买东西可能只需_____。 □

A. 用手机支付　　B. 微信支付

C. 看一下摄像头　　D. 刷一下卡

5. 中国的人工智能发展要在什么时候达到世界领先水平？ □

A. 2020 年　　B. 2025 年　　C. 2030 年　　D. 2035 年

二、根据文章的内容，把左边的解释和右边的词语对应起来。（5 分）

6. 能引起关注的 □
7. 迅速的发展和进步 □
8. 取得了较大的成就 □
9. 方面 □
10. 胜过 □

A. 长足进展
B. 超越
C. 规划
D. 吸引眼球
E. 足以
F. 领域
G. 无需
H. 颇有建树
I. 推广开来

三、根据文章的内容，回答下面的问题。（5 分）

11. 支付宝首次推出刷脸支付功能是在中国的哪一个城市？（1 分）

____

12. 支付宝的“刷脸支付”可以应对什么样的复杂场景？（1 分）

____

13. 人脸识别在近年来呈爆发态势的重要条件都有哪些？（3 分）

A ____

B ____

C ____

四、根据文章内容，判断下列说法是对还是错，并用文中内容说明理由。（5分）

	对	错
14. 苹果公司推出 iPhone X 是人脸识别技术在世界范围内的首次运用。 理由：________	□	□
15. 现在，中国的一些银行开始推广刷脸提款服务。 理由：________	□	□
16. 人脸识别是人工智能领域发展较晚的一项技术。 理由：________	□	□
17. 有外国媒体认为中国将会成为全球科技的领导者。 理由：________	□	□

对 错

18. 中国在AI应用方面的技术创新已拥有比较强大的实力。 理由： ______________________________	□ □

五、根据文章的内容，把左边的段落和右边的段落大意搭配起来。（5分）

19. 第一段 □
20. 第三段 □
21. 第四段 □
22. 第五段 □
23. 第六段 □

A. 对未来在中国购物付款方式的设想
B. 刷脸支付的使用原理
C. 新的苹果手机带有刷脸解锁功能
D. 2017年9月支付宝首次推出了刷脸支付功能
E. 在中国购物从不使用信用卡
F. iPhone X的功能
G. 人脸识别技术在中国的消费和金融领域得到迅速推广
H. 中国的人工智能技术在当前和未来将会有很好的发展
I. 中国有一些银行开始推广刷脸取款服务

听力练习

一、根据录音内容，回答下面的问题。（6 分）

1. 美国有线电视新闻网记者 Ripley 在北京做了一个什么实验？（1 分）

____

2. Ripley 发现，在中国购物其实只需要带一样东西。这个东西是什么？（1 分）

____

3. 中国的两家主要的移动支付平台叫什么？（2 分）

A______________ B______________

4. 中国在哪一年将网约车服务合法化？（1 分）

____

5. Ripley 在他的实验结束后，得出了一个什么样的结论？（1 分）

____

二、根据录音内容，选择正确答案。（4 分）

6. 以下哪一项是 Ripley 没有用移动支付做的事情？ □

A. 买煎饼　　B. 喝咖啡

C. 交水费　　D. 叫出租车

7. 以下哪一项是不可以通过移动支付完成的？ □

A. 看电影　　B. 点外卖

C. 均摊聚餐的费用　　D. 取现金

8. 哪一家媒体引用被采访者的话，认为中国的电子商务世界领先？ □

A. 美国有线电视新闻网　　B. 中国日报

C. 华盛顿邮报　　D. 时代周刊

9. 据说，中国的移动支付将会向下面哪些国家拓展？ □

A. 德国和韩国　　B. 德国和英国

C. 美国和英国　　D. 韩国和日本

三、根据录音内容，判断下列说法的对错。（5 分）

10. 美国有线电视新闻网记者 Ripley 在南京做了一个实验。 □

11. Ripley 进行实验的主要工具是智能手机。 □

12. 在中国，有两家最大的移动支付平台——苹果支付和微信支付。 □

13. 中国有越来越多的商家接受移动支付。 □

14. 移动支付在中国的迅速推广，完全是因为这里有巨大的消费者群体。 □

听力文本

没有钱包的24小时

不带现金、不带信用卡出门？如果这样，我们能去哪里、能做什么？如果要这样生活一天，你是否愿意尝试？美国有线电视新闻网记者Will Ripley在北京做了一个实验，体验24小时无现金生存。结果他发现，出门后只要一部智能手机就可以生活得很好。

早上，Ripley在路边的早点摊儿买了一个煎饼，6块钱。付款时他打开微信，扫描二维码，然后输入付款密码，买一个煎饼只用了几秒钟。

之后，Ripley又用同样的方式，在附近的一个咖啡馆买了咖啡。其间，他的中国同事还用手机支付了家里的水费。随后，Ripley用打车软件叫了一部出租车去和一位采访对象见面。

Ripley的24小时体现了中国城市居民的日常。在中国，有两家最大的移动支付平台——支付宝和微信。人们已经习惯通过它们来进行各种商业活动：买电影票、点外卖、交房租、均摊聚餐的餐费等，也有越来越多的商家接受移动支付。2015年，中国移动互联网的零售额已经相当于美国市场规模的4倍以上。

近几年来，很多像美国有线电视新闻网这样的海外媒体都在关注和探讨中国移动互联网领域的发展成果。《华盛顿邮报》曾在报道中引用受访者的话称，中国的电子商务世界领先，在淘宝网和微信上，人们可以买到任何东西。

2016年7月，中国首开先例，将优步、滴滴出行等网约车服务合法化。从这一举动可以看出，中国移动互联网和科技蓬勃发展的背后，除了巨大的消费者群体，还有中国面对创新的包容性和前瞻性。

在Ripley的实验开始前，他还对不带钱包过一天的可能性持怀疑态度；但最终，他得出了结论，“从来没这么容易过”。中国正在享受移动互联网创新带来的全新的生活方式。据说，中国的热门移动支付应用和金融科技创新正在向德国、韩国等其他国家拓展，希望未来也能将这一份轻松和便利带给世界。

练习答案

阅读

1. D　2. C　3. B　4. C　5. C

6. D　7. A　8. H　9. F　10. B

11. 杭州

12. “多人＋浓妆＋换发型”的复杂场景

13. A 深度学习算法　B 大数据的积累　C 云计算的积累

14. 错。其实，中国早已悄悄迎来了“刷脸”时代。

15. 对。中国的一些银行也在推广人脸识别系统，通过“刷脸”即可在取款机上取走现金。

16. 错。其实，人脸识别是人工智能领域发展较早的一项技术。

17. 对。此前有外媒评论，中国已经从模仿者转变为创新者，会担负起全球科技领导者的角色。

18. 对。中国在人工智能应用方面的技术创新已拥有超越其他国家的实力。

19. D　20. I　21. G　22. A　23. H

听力

1. 24 小时无现金生存

2. 智能手机

3. A 支付宝　B 微信

4.2016 年

5. 从来没这么容易过

6. C　7. D　8. C　9. A

10. 错　11. 对　12. 错　13. 对　14. 错

故宫：与时俱进的文化偶像

阅读文本

故宫：与时俱进的文化偶像

把一位皇帝塑造成卡通形象，这在古代中国不仅不可想象，也是不可原谅的，更不用说再把这个形象印制在日用品上了。正如“紫禁城”这个名字所直观表达的，这个皇宫中的一切都与普通人绝缘。

然而，你可曾试想过，一位皇帝在你的手机壳背面做出“V”字手势，或是一只可爱的小猫咪穿着龙袍的样子？今天，中国的故宫博物院正在将其丰厚的文化资源开发成符合现代人口味的产品，其中包括“可爱化”的清代皇帝、以故宫为图案的手表、皇后造型的杯子等。这类产品正不断地被开发出来，如果你是纪念品爱好者，恐怕你要购买一个故宫大门造型的背包，才能放下所有你想买的东西。

这是一个大胆却又成功的举措，也是创新精神的明证。通过精准的市场营销战略和不拘一格的设计，故宫博物院把看似冰冷的皇城禁地变成了一个有温度的形象，把人们印象中正经、甚至有点儿无趣的博物馆形象变得和蔼可亲。传统的文化偶像也可以很“潮”！

2015年，故宫博物院的文创产品销售额达到了10亿元。值得一提的是，大部分销售收入是通过其网店获得的。除了故宫博物院本身的努力，这个巨大成功的背后还有中国社会中的两大趋势的驱动。

首先是互联网的普及。如今，中国已经拥有了好几家具备国际水准和竞争力的电子商务巨头。中国消费者已经连续几年打破网上销售额的纪录。这一切首先要归功于一个遍及全国的、稳定的电信网络，这需要巨大的投资和自主的技术——中国在这两方面都做到了。

另一个趋势就是中国人对传统文化的热情不断高涨。中国经济腾飞的同时，中国人的心灵也在“寻根”和“求静”，从而在物质世界中保持快乐和清醒。而此时故宫文创产品的推出，正符合了中国人民的这种精神追求。

阅读练习

一、根据文章的内容，从下面各题的四个选项中选出正确答案。（5分）

1. 把一位皇帝塑造成卡通形象，在中国古代是_____。 □

A. 值得鼓励的　　B. 值得一提的

C. 不可原谅的　　D. 不可忘记的

2. 下面哪一个不是文中出现的故宫的文创产品？ □

A. 印有穿龙袍小猫的手机壳　　B. 皇帝造型的杯子

C. 故宫大门造型的书包　　D. 以故宫为图案的手表

3. 下面哪一个选项不是故宫文创产品的特点？ □

A. 和蔼可亲　　B. 潮

C. 设计不拘一格　　D. 有点儿无趣

4. 2015 年故宫的文创产品销售收入达到了多少？ □

A. 1 亿元　　B. 5 亿元

C. 10 亿元　　D. 100 亿元

5. 中国电子商务销售情况良好，主要是因为_____。 □

A. 创新精神　　B. 市场营销精准

C. 产品设计有趣　　D. 互联网的普及

二、根据文章的内容，把左边的解释和右边的词语对应起来。（5分）

6. 两者之间不可能产生任何联系 □

7. 流行，时髦 □

8. 有必要说一说 □

9. 卖出商品获得的收入数字 □

10. 假设 □

A. 直观
B. 试想
C. 开发
D. 潮
E. 值得一提
F. 绝缘
G. 造型
H. 销售额
I. 无趣
J. 不拘一格

三、根据文章的内容，回答下面的问题。（7分）

11. 文章中所说的文创产品指的是什么？（1分）

____

12. 故宫文创产品销售取得成功，主要有哪三个方面的原因？（3分）

A______________________________

B______________________________

C______________________________

13. 根据文章内容，互联网的普及令中国电子商务出现了哪些变化？请写出两点。（2分）

A______________________________

B______________________________

14. 根据录音，中国人在经济高速发展的今天，在心灵上有什么追求？（1分）

____

四、根据文章内容，判断下列说法是对还是错，并用文中内容说明理由。（5分）

	对	错
15. 在古代，普通人是不可以进入“紫禁城”的。 理由：______________________________	☐	☐
16. 传统的文化偶像不可能与现在的流行时尚结合起来。 理由：______________________________	☐	☐
17. 故宫大部分文创产品的销售是在故宫博物院里进行的。 理由：______________________________	☐	☐
18. 只要投入大量的资金，就可以实现互联网在中国的普及。 理由：______________________________	☐	☐

对 错

19. 中国经济快速发展的同时，中国人对传统文化的热情也在消退。	□	□

理由：______________________________

五、根据文章的内容，把左边的段落和右边的段落大意搭配起来。（3分）

20. 第二段 □
21. 第三段 □
22. 第四段 □

A. 故宫文创产品的销售情况
B. 电子商务的发展
C. 互联网的好处
D. 创新令传统的文化变得有时代感
E. 中国人对传统文化的态度
F. 今天，故宫博物院开发了丰富有趣的文创产品，受到人们的欢迎

听力练习

一、根据录音内容，回答下面的问题。（5 分）

1. 上海迪士尼是迪士尼在全球开设的第几个主题公园？

____

2. 为什么说上海迪士尼是全世界最特别的迪士尼乐园？

____

3. 上海迪士尼的卡通形象包括了哪些动物？

____

4. 上海迪士尼的主城堡上为什么有一朵牡丹花？

____

5. 中国在什么时候就出现过“迪士尼热”？

____

二、根据录音内容，选择正确答案。（5分）

6. 上海迪士尼乐园在_____正式营业。 □

A. 2016年　　B. 2017年

C. 2018年　　D. 2019年

7. 在上海迪士尼乐园，人们可以吃到_____。 □

A. 法式煎饼　　B. 北京烤鸭比萨

C. 日本寿司　　D. 西班牙海鲜饭

8. 人们可以在上海迪士尼乐园看到哪部音乐剧？ □

A. 白雪公主　　B. 灰姑娘

C. 美女与野兽　　D. 狮子王

9. 乐园主城堡的风格是什么样子的？ □

A. 传统迪士尼风格　　B. 中国风

C. 卡通人物形象　　D. 狮子造型

10. 除了上海迪士尼，文中还提到了另外哪一个迪士尼乐园的名字？ □

A. 东京迪士尼　　B. 洛杉矶迪士尼

C. 香港迪士尼　　D. 巴黎迪士尼

三、根据录音内容，判断下列说法的对错。（5分）

11. 上海迪士尼乐园主要呈现的是中国风，也体现了一部分迪士尼本身的特色。 □

12. 在上海迪士尼乐园演出的音乐剧都是英文版的。 □

13. 上海人在80年前就已经对迪士尼有所了解。 □

14. 中国人不喜欢去上海迪士尼乐园。 □

15. 上海迪士尼乐园也是迄今为止全世界最大规模的跨境娱乐交易。 □

听力文本

迪士尼在上海 “童话王国”混搭中国风

全球小朋友、大朋友们的“梦幻王国”迪士尼在中国上海开设了它的第六个主题公园。公园于2016年6月16日正式营业，在很短的时间里就引爆了中国民众的热情，也吸引了世界的目光。迪士尼公司董事长罗布特·艾格说，这将是一座全世界最特别的迪士尼乐园。

在这里，人们会看到大约百分之九十“原汁原味的迪士尼”，而剩下的百分之十则是“别具一格的中国风”。比如，这里有迪士尼卡通形象的中国十二生肖动物；比如，午餐时人们会吃到北京烤鸭披萨和鳗鱼饭；再比如，第一部中文版音乐剧《狮子王》首次在这里上演……这些都体现了中国文化的影响。

其中，公园的主城堡保留了迪士尼传统风格，但在它的顶端有一朵牡丹花，那是中国的象征。其实，早在20世纪三四十年代，上海就出现过“迪士尼热”，很多报纸、杂志都纷纷刊登迪士尼卡通人物形象，上海各大影院也在放映迪士尼动画。到现在，主题公园的开幕可以说见证了上海和迪士尼80年来的缘分。从目前上海迪士尼的开园情况来看，中国民众也展现出了巨大的热情和真诚的喜爱。

中国的确是一个广阔的市场。上海迪士尼乐园也是迄今为止中国最大规模的跨境娱乐交易。无论是经济上还是文化上，这都是双方一次颇有成果的合作和交流。

而且，不得不说，融入了中国元素的迪士尼乐园更丰富、更有趣，这样的融合也正是文化交流的最大魅力所在。就像当年迪士尼量身打造巴黎主题公园时，同样纳入了许多法国元素一样，这种包容性本身会碰撞出火花，使迪士尼文化有了更多的色彩和更大的亲和力。

练习答案

阅读

1. C　2. B　3. D　4. C　5. D

6. F　7. D　8. E　9. H　10. B

11. 中国的故宫博物院将其丰厚的文化资源开发成符合现代人口味的产品。

12. A 故宫博物院本身的努力　B 互联网在中国的普及
　C 中国人对传统文化的热情越来越高

13. A 中国已经拥有了好几家具备国际水准和竞争力的电子商务巨头。
　B 中国消费者已经连续几年打破网上销售额的纪录。

14. “寻根”和“求静”（两者都要写出来）

15. 对。“紫禁城”这个皇宫中的一切都与普通人绝缘。

16. 错。传统的文化偶像也可以很“潮”！

17. 错。大部分销售收入是通过其网店获得的。

18. 错。一个遍及全国的、稳定的电信网络，需要巨大的投资和自主的技术来支持。

19. 错。中国人对传统文化的热情不断高涨。

20. F　21. D　22. A

听力

1. 第六个

2. 具有中国文化特色 / 别具一格的中国风

3. 中国的十二生肖

4. 因为那是中国的象征

5. 20 世纪三四十年代

6. A　7. B　8. D　9. A　10. D

11. 错　12. 错　13. 对　14. 错　15. 错

世界非遗“二十四节气”

阅读文本

世界非遗“二十四节气”

你知道“二十四节气”吗？这是中国古代流传下来的一套非常有趣的历法体系，它包括立春、雨水、惊蛰、春分、清明、谷雨，立夏、小满、芒种、夏至、小暑、大暑，立秋、处暑、白露、秋分、寒露、霜降，立冬、小雪、大雪、冬至、小寒和大寒。这套历法体系记录了时间、气候和动植物生长的变化规律。2016年年底，“二十四节气”被正式列入联合国教科文组织非物质文化遗产名录。

现在很多年轻人喜欢研究星座，实际上星座和中国的二十四节气之间存在着一定的关联。把太阳运行的轨道（黄道）分成12个区，每个区为30度，这12个区就是我们说的太阳星座。二十四节气比星座更精细，它是将黄道分为24等份，太阳从春分点出发，每前进15度即为一个节气。

早在几千年前二十四节气就诞生了，远早于公历纪年的出现。那时，中国的农民没有时间概念，但却能随着季节的变化生产、作息。借助节气，他们就能知道何时耕种、何时灌溉、何时收割。比如：二十四节气中的第一个节气是“立春”，其含义就是开始进入春天；接下来是“雨水”，此时冰雪融化，空气湿润，雨水逐渐增多；然后就是“惊蛰”，天气转暖，蛰伏的各种冬眠动物开始苏醒过来。

每个节气都清晰而又充满诗意地展现了一年中不同时间中国的气候景象。随着科学技术的进步，人们在公历中还能精确地计算出各个节气的日

期，这些日期也是相对固定的，变化幅度不超过3天。

这一被誉为“中国第五大发明”的历法体系包含了令人惊讶的中国先人智慧。它不仅在几千年来推动着中国农业文明的发展，还体现了尊重自然、天人合一的理念，中国人的一些精神特征和哲学思想也源于此。

每一项古老的发明创造和文明成果背后都有人们生产生活、宗教、文化活动的印记。中国现在越来越注重传统文化的保护，还会通过一些习俗活动把祖先的文明智慧延续下来。这是为了记录我们走过的历史，传承人类的实践经验和知识文化体系。

阅读练习

一、根据文章的内容，从下面各题的四个选项中选出正确答案。（5分）

1. “二十四节气”记录了_____。 □

A. 时间　　B. 气候

C. 动植物生长规律　　D. 以上三个都包括

2. 二十四节气比星座_____。 □

A. 更精细　　B. 更科学

C. 更实用　　D. 更有趣

3. 二十四节气已经有_____。 □

A. 一千年的历史　　B. 两千年的历史

C. 三千年的历史　　D. 几千年的历史

4. 二十四节气的首个节气是_____。 □

A. 惊蛰　　B. 立春

C. 雨水　　D. 蛰伏

5. 二十四节气被称为_____。 □

A. 中国四大发明之一　　B. 中国第四大发明

C. 中国第五大发明　　D. 中国新五大发明

二、从文章中找出与下面各项意思最接近的词语。（5分）

6.【第三段】工作和休息 ____________

7.【第三段】（冰和雪）受热变为液体 ____________

8.【第四段】不会改变 ____________

9.【第四段】变化的范围 ____________

10.【第六段】留下的痕迹 ____________

三、根据文章第三段的内容，回答下面的问题。（4分）

11. 中国古代农民根据什么从事农业活动？

____

12. “立春”代表什么意思？

____

13. “雨水”代表什么意思？

____

14. “惊蛰”时的天气状况有什么变化？

____

四、根据文章内容，判断下列说法是对还是错，并用文中内容说明理由。（5分）

	对	错
15. 二十四节气是中国古代的一套历法体系。 理由：______________________________	□	□
16. 星座和二十四节气之间没有关联。 理由：______________________________	□	□
17. 星座把太阳运行的轨道分为24个区。 理由：______________________________	□	□
18. 二十四节气中各个节气的日期变化幅度很小。 理由：______________________________	□	□
19. 二十四节气体现了中国人尊重自然、天人合一的理念。 理由：______________________________	□	□

五、根据文章的内容，从右边选出最合适的结尾来完成左边的短句。（4分）

20. 很多年轻人都喜欢 □

21. 节气在几千年来推动着 □

22. 中国现在越来越注重 □

23. 人们通过一些习俗活动 □

A. 研究星座。

B. 中国农业文明的发展。

C. 记录走过的历史。

D. 历法体系。

E. 传统文化的保护。

F. 把祖先的文明智慧延续下来。

G. 存在着一定的关联。

六、根据文章的内容，把下面的段落和正确的段落大意搭配起来。（2分）

24. 第二段 □

25. 第五段 □

A. 二十四节气属于联合国教科文组织非物质文化遗产

B. 中国的古人是如何发明二十四节气的

C. 这一历法体系非常科学准确

D. 二十四节气所包含的先人的智慧

E. 二十四节气与星座的联系

听力练习

一、根据录音内容，回答下面的问题。（5分）

1. 苏轼的《木石图》是在一个什么会上卖出去的？

____

2. 苏轼是哪个朝代的人？

____

3. 苏轼除了会画画之外还会做什么？

____

4. 苏轼生活的时代，文坛的风气是怎样的？

____

5. 苏轼把西湖的美景比作了什么？

____

二、根据录音内容，选择正确答案。（5分）

6. 苏轼的《木石图》成交价是______。 □

A. 4.363 亿港币　　B. 4.636 亿港币

C. 7.363 亿港币　　D. 10.636 亿港币

7. 2000 年，法国《世界报》介绍的古代千年英雄有多少个？ □

A. 10 个　　B. 2 个

C. 12 个　　D. 20 个

8. 苏轼人生中没有过的经历是______。 □

A. 出任高官　　B. 被流放

C. 出访海外　　D. 写诗作画

9. 苏轼的性格是______。 □

A. 坦荡　　B. 乐观

C. 充满活力　　D. 以上三个选项都正确

10. 苏轼的《木石图》上有______。 □

A. 木材和石材　　B. 木头和石子

C. 树木和石头　　D. 枯木和怪石

三、根据录音内容，判断下列说法的对错。（5 分）

11. 苏轼写的文学作品质朴清新。 □

12. “淡妆浓抹总相宜”充满了哲理。 □

13. 我们现在能看到的苏轼的画作真迹非常少。 □

14.《木石图》的笔法精致细腻。 □

15.《木石图》在当时显得非常前卫。 □

听力文本

苏轼罕见画作 4.6 亿港币成交

2018 年 11 月 26 日的晚上，随着一声清脆的落槌声响起，中国古代名家苏轼的画作《木石图》在香港佳士得秋季拍卖会上以 4.636 亿港币成交。

为什么这幅作品如此昂贵？这就要从作者苏轼说起。

苏轼是中国北宋时期的文学家和书画家。北宋是中国艺术发展的巅峰时期，文人的地位非常高，但文坛却有一股华而不实的风气。苏轼的作品文风质朴清新，传达出真情实感，打破了浮华的文风。他写西湖，把美景比作美人，说她“淡妆浓抹总相宜”；写旷达之情，他说“小舟从此逝，江海寄余生”；写哲理，他说“横看成岭侧成峰，远近高低各不同。不识庐山真面目，只缘身在此山中”。

2000 年，法国《世界报》发表文章，介绍了 12 位生活在公元 1000 年前后且对后代影响深远的“千年英雄”，苏轼就是其中之一。其入选原因之一是，苏轼既是文豪，也是名臣。苏轼一生大起大落，曾出任高官，也曾多次被贬官流放，甚至还坐过牢。但他却从未对生活失去信心，无论身处何地都坦荡、乐观，充满活力。

苏轼流传在世的画作真迹极少，《木石图》因此更为珍贵。这幅画就像作者本人的写照——枯木和怪石看起来身处困境，但依然有绝处逢生的力量和沉静之气。笔法上，看似简单

的线条充满变化和张力，曾有人评价它就像今天的当代艺术，是“前卫中的前卫，先锋中的先锋”，而在打破陈规、表达内心这一点上，又似乎有点儿与文艺复兴相通。

对于《木石图》，佳士得拍卖公司亚洲区总裁魏蔚给出了这样的评价：“《木石图》令艺术家的内心世界成为重要的艺术主题，它开启了中国水墨文人画的先锋。”

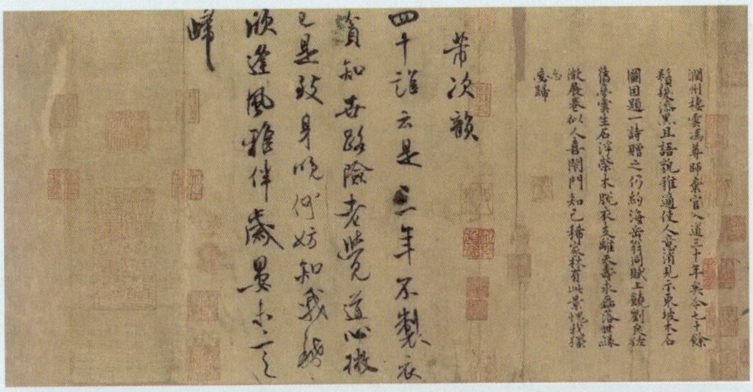

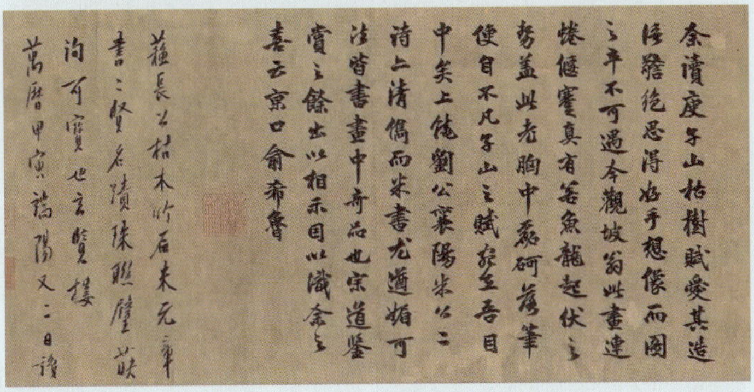

练习答案

阅读

1. D 2. A 3. D 4. B 5. C

6. 作息 7. 融化 8. 固定 9. 幅度 10. 印记

11. （二十四）节气

12. 开始进入春天

13. 雨水逐渐增多

14. 天气转暖

15. 对。中国古代的一套非常有趣的历法体系——“二十四节气”。

16. 错。星座和中国的二十四节气之间存在着一定的关联。

17. 错。星座把太阳运行的轨道（黄道）分成12个区。

18. 对。这些日期也是相对固定的，变化幅度不超过3天。

19. 对。二十四节气还体现了尊重自然、天人合一的理念。

20. A 21. B 22. E 23. F

24. E 25. D

听力

1. 2018年佳士得秋季拍卖会

2. 宋朝 / 宋代 / 北宋

3. 写诗

4. 华而不实

5. 美人

6. B 7. C 8. C 9. D 10. D

11. 对 12. 错 13. 对 14. 错 15. 对

孔子的魅力

阅读文本

孔子的魅力

每年的9月28日是孔子诞辰纪念日。孔子被尊为“至圣先师”，他的儒家思想深刻地影响了中国社会的方方面面。在中国，三岁孩童都能背诵几句孔子《论语》中的名言：“有朋自远方来，不亦乐乎”“三人行，必有我师焉”……

了解孔子，是了解中国人精神世界的方式之一。与西方文化所推崇的“追寻真我”不同，美国夏威夷大学教授安乐哲这样总结孔子的观点：“每个人都要立足于自己所处的社会，关爱他人，并把自己的角色诠释得更加完美。”安教授所说的“自己的角色”就包括了父母、孩子、教师、商人、帝王。

儒家要求帝王要用“德”治理国家，而不能随意使用武力，同时设计了一整套制度来约束皇权。法国思想家伏尔泰对此推崇备至。他认为，在奉行儒学的中国，中国人用自身的道德伦理来协调各种人际关系和日常事务，具有明显的进步意义。

可见，思想的传播并不完全受国别、时代的制约，尤其是像儒家这样具有实用性质的哲学。在21世纪的互联网时代，孔子的理论依然值得学习。马云就认为，中国企业可以从传统文化中寻找根基和风格。他曾说：“公司发展到一定程度，如果不懂儒家的组织体系建设，就不能持久发展。”

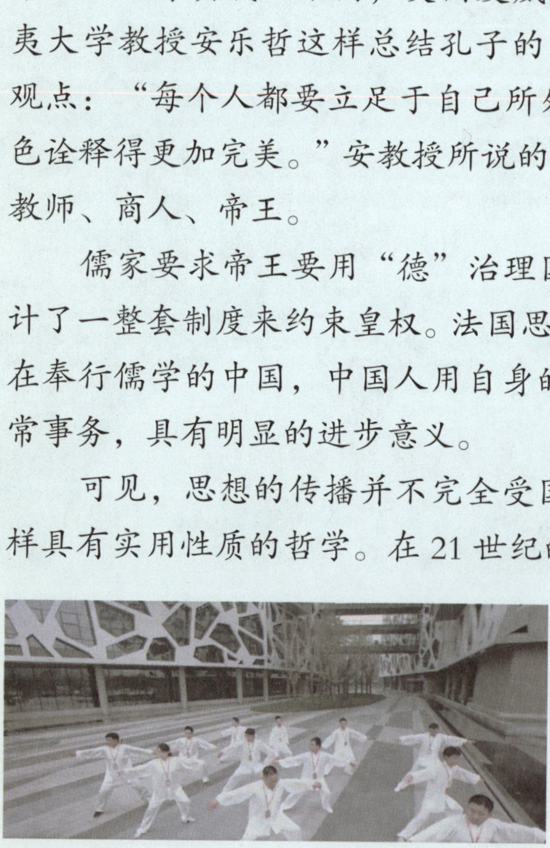

公元前6世纪到公元前4世纪，古代希腊、古代印度、古代中国都产生了众多伟大的思想家，比如，苏格拉底、释迦牟尼、孔子……这一时期被称为人类文明的“轴心时代”。因为受限于科技，那些古代思想家之间也许无法对话，但今天的人们已经可以进行多种多样的文化交流。不同文明之间的了解、尊重、互鉴，正是孔子教给我们的“和而不同”。

阅读练习

一、根据文章的内容，从下面各题的四个选项中选出正确答案。（5分）

1. “三人行，必有我师焉”的意思是什么？ □

A. 三个人走路，必须有我的老师

B. 三个人里面有一个是我的老师

C. 在人群当中一定有能当我老师的人

D. 以上解释都不正确

2. “了解孔子，是了解中国人精神世界的方式之一”说明了什么？ □

A. 了解孔子的唯一途径就是了解中国人

B. 要想了解中国人在想什么，了解孔子是唯一的办法

C. 孔子了解中国人的精神世界

D. 孔子对中国人的思想观点有很大的影响

3. 西方文化追求的是_____。 □

A. 为别人着想　　B. 关爱他人

C. 找到真的自我　　D. 把父母放在首位

4. 儒家管理国家的方式是什么？ □

A. 以道德原则治理国家　　B. 以严刑峻法管理国家

C. 不需要皇权　　D. 皇帝一个人说了算

5. 21 世纪的互联网时代______。 □

A. 孔子的理论依然值得学习

B. 仍然对人类文明的“轴心时代”推崇备至

C. 还在产生众多像孔子那样伟大的思想家

D. 不再需要孔子的理论

二、从文章中找出与下面各项意思最接近的词语。（5 分）

6.【第一段】出生的时间 __________

7.【第二段】崇敬，尊崇 __________

8.【第二段】说明，解释 __________

9.【第三段】限制，管束 __________

10.【第四段】基础 __________

三、根据文章第四段和第五段的内容，回答下面的问题。（4 分）

11. 马云认为，公司发展到一定程度，应该如何进步？

____

12. 人类文明的“轴心时代”指的是哪个历史阶段？

____

13. 古代思想家们为什么无法交流？

____

14. “和而不同”的含义是什么？

____

四、根据文章内容，判断下列说法是对还是错，并用文中内容说明理由。（5分）

	对	错
15. “至圣先师”特指孔子。 理由：________________	□	□
16. 孔子的思想影响了中国社会的每一个方面。 理由：________________	□	□
17.《论语》被很多中国人所熟知。 理由：________________	□	□
18. 思想的传播是受国别和时代限制的。 理由：________________	□	□
19. 苏格拉底、释迦牟尼、孔子都生活在公元5世纪前后。 理由：________________	□	□

五、根据文章的内容，从右边选出最合适的结尾来完成左边的短句。（4分）

20. 美国夏威夷大学教授安乐哲 □

21. 每个人都要立足于自己所处的社会， □

22. 中国人用自身的道德伦理 □

23. 中国企业可以从传统文化中 □

A. 关爱他人。

B. 来协调各种人际关系和日常事务。

C. 总结了孔子的观点。

D. 被尊为"至圣先师"。

E. 寻找根基和风格。

F. 包括了父母、孩子、教师等。

G. 具有明显的进步意义。

六、根据文章的内容，把下面的段落和正确的段落大意搭配起来。（2分）

24. 第四段 □

25. 第五段 □

A. 东西方价值观的差异

B. 伏尔泰很推崇儒家学说的观点

C. 互联网时代孔子的理论仍然很有价值

D. 孔子的思想对后世的中国人有很深刻的影响

F. 今天，不同文化之间可以进行交流互鉴

听力练习

一、根据录音内容，回答下面的问题。（5分）

1. 科幻迷们怎么亲切地称呼刘慈欣？

____

2. 刘慈欣的《三体》曾经获得过什么奖？

____

3. 欧洲有一种文化叫什么文化？

____

4. 在活动中，谁用德文朗读了《三体》片段？

____

5. 以前，中国作家都是以什么形式进行对外交流？

____

二、根据录音内容，选择正确答案。（5分）

6. “刘慈欣科幻文学德国之旅”活动的举办地点是______。 □

A. 中国　　B. 德国

C. 英国　　D. 西班牙

7. 刘慈欣的小说《三体》被翻译成了多少种语言？ □

A. 3 个 B. 73 个

C. 16 个 D. 文中没有提及

8. “刘慈欣科幻文学德国之旅”的活动______。 □

A. 非常受欢迎 B. 场场爆满

C. 很有吸引力 D. 以上三个选项都正确

9. 中国文人的传统观念是______。 □

A. 作家不应该跑到作品前面来 B. 作家要朗读自己的作品

C. 作家要重视沙龙文化 D. 作家要重视和读者的交流

10. 刘慈欣是一个什么样的作家？ □

A. 安静 B. 内向

C. 沉默 D. 幽默

三、根据录音内容，判断下列说法的对错。（5 分）

11. 世界上很多科幻迷都知道刘慈欣这个名字。 □

12. 现在中国有很多当代作家在欧洲都获得了成功。 □

13. 作者亲自朗读自己的作品有助于读者对作品有更好地感知。 □

14. 此次系列活动只在一个城市举行。 □

15. 刘慈欣在活动中只跟读者进行了交流。 □

听力文本

刘慈欣科幻文学德国行：用你的方式走近你

在2018年法兰克福书展举行期间，中国与德国的出版社共同策划了一场“刘慈欣科幻文学德国之旅”的活动。

刘慈欣这个名字对于全球科幻迷来说都不陌生，很多读者亲切地叫他“大刘”。他的小说《三体》曾获得第73届雨果奖，目前已经被翻译成英语、西语、德语等16个语种的版本。可以说，在中国当代作家中，刘慈欣是少数的真正在西方获得市场成功的一位。

刘慈欣在德国的科幻文学系列活动场场爆满。这当然与作家本人和作品本身的吸引力分不开，但同时，德国当地的沙龙文化也推动了此次活动的展开。以前，中国文人的传统观念认为“作家应当躲在作品背后”，大刘也是如此。然而，欧洲历来有沙龙文化，重视作家和读者的交流。在活动中，德国演员马克和大刘分别用德文和中文朗读了《三体》片段。作者的现身和声音的传递，使读者能够更立体地感知他的作品。

以往中国作家的对外交流常是以组团的形式，留给每个人的表达空间并不多，读者们也会感到交流程度不够。这一次，在科隆文学节、汉堡文学节、“刘慈欣科幻之夜”等一系列活动中，大刘与德国作家、科幻文学记者、文学评论家、热情的书迷进行了充分的对话。谈笑间，大刘妙语连连，表现了他的幽默和知识广博，让西方读者看到了一个作为个体的、丰满的、有魅力的作家形象。

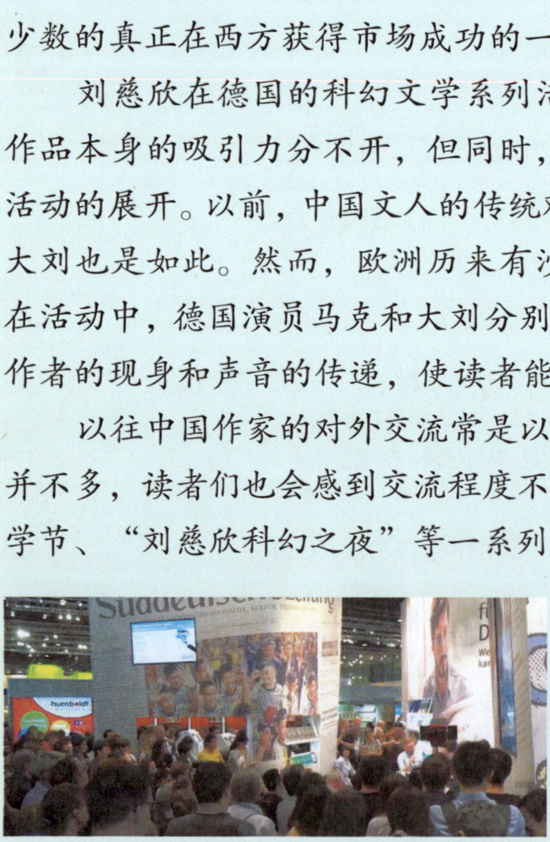

近年，中国的文学作品正在越来越多地吸引世界的目光，例如：莫言获得诺贝尔文学奖，金庸的小说被翻译成了真正有“武侠感”的英文。我们期待更多的“大刘”出现在中国，也出现在世界读者面前。

练习答案

阅读

1. C　2. D　3. C　4. A　5. A

6. 诞辰　7. 推崇　8. 诠释　9. 约束　10. 根基

11. 要学习儒家的组织体系建设

12. 公元前 6 世纪到公元前 4 世纪

13. 受限于科技

14. 不同文明之间的了解、尊重、互鉴

15. 对。孔子被尊为“至圣先师”。

16. 对。他的思想深刻地影响了中国社会的方方面面。

17. 对。在中国，三岁孩童都能背诵出几句孔子《论语》中的名言。

18. 错。思想的传播并不完全受国别、时代的制约。

19. 错。公元前 6 世纪到公元前 4 世纪，产生了众多伟大的思想家，比如，苏格拉底、释迦牟尼、孔子……

20. C　21. A　22. B　23. E

24. C　25. F

听力

1. 大刘

2. 第 73 届雨果奖

3. 沙龙文化

4. 德国演员马克

5. 组团的形式

6. B　7. C　8. D　9. A　10. D

11. 对　12. 错　13. 对　14. 错　15. 错

魔法世界里的中国神兽

阅读文本

魔法世界里的中国神兽

如果你是一个“哈利·波特迷”，那你应该听说过《神奇动物：格林沃德之罪》这部电影。它在2018年上映，是一部英美合拍的奇幻电影，改编自J·K·罗琳2001年的小说《怪兽与它们的产地》，是2016年电影《怪兽与它们的产地》的续集。这部影片增加了许多新的神奇动物，其中最“圈粉”的是一只来自中国的神兽，名叫“驺吾（zōu wú）”。驺吾长着猫脸、虎身，有锋利的爪牙和五彩长尾，所到之处，破坏力极强。但是，当主人公纽特晃动起一根小小的逗猫棒时，这个凶神恶煞的怪兽就会瞬间被吸引，仿佛变成了一只萌萌的“大眼猫”，还会开心地摆起尾巴。这种反差萌让驺吾在全球收获了无数的粉丝。《今日美国》称，驺吾是影片“最佳新出场动物”。

驺吾是中国古代神话传说中的野兽。古籍《山海经》中是这样设想和描述它的：林氏国有一种珍奇的野兽，大小与老虎差不多，身上有五种颜色的斑纹，尾巴比身子长，名叫驺吾，骑上它可以日行千里。古代画师多把它画成与马相似的动物。但现代很多人认为，驺吾最有可能的现实原型是雪豹。

几千年前的中国神话给罗琳带来了灵感。在她的创作里，驺吾是一只很吓人的神兽，只有纽特才能制服它。这不是中国神兽第一次出现在罗琳的著作中，她还创作过“中国火球”“喜马拉雅雪人”等很多与中国有关的动物。这些“神奇动物”

都是人们对世界的想象，表达了人们对大自然的敬畏。

中国古代神话还有一个鲜明特点，就是崇尚高尚的德行。比如：驺吾在中国文化中是仁兽，它只吃自然死亡的动物；麒麟能辨别好人和坏人；凤凰出现的时候代表天下太平。中国古人把注重品行、尊贤重能的精神和对人性弱点的警示都幻化在了神兽身上。

随着文化交流的增多，我们希望中国文化能给作家带来更多灵感，也让大家认识更多的来自中国的“神奇动物”。

阅读练习

一、根据文章的内容，从下面各题的四个选项中选出正确答案。（5分）

1.《神奇动物：格林德沃之罪》是一部_____。 □

A. 英美合拍的科幻片　　B. 英美合拍的奇幻片

C. 英美合拍的动画片　　D. 英美合拍的动作片

2.《神奇动物：格林德沃之罪》里_____。 □

A. 多了一只中国神兽　　B. 少了许多神奇动物

C. 多了一只熊猫　　D. 少了一只猫

3. "驺吾"是什么动物？ □

A. 猫　　B. 老虎

C. 马　　D. 以上选项都不正确

4. 古籍《山海经》说驺吾长得什么样子？ □

A. 身体比尾巴长　　B. 像萌萌的"大眼猫"

C. 身上有黑白的斑纹　　D. 跟老虎差不多大

5. 很多现代人觉得驺吾最有可能是什么动物？ □

A. 马　　B. 雪豹

C. 猫　　D. 老虎

二、从文章中找出与下面各项意思最接近的词语。（5分）

6.【第一段】吸引很多关注和喜爱自己的人 ____________

7.【第一段】非常凶恶的神 ____________

8.【第一段】极其短的时间 ____________

9.【第一段】非常大的差异 ____________

10.【第二段】形容速度惊人 ____________

三、根据文章第四段和第五段的内容，回答下面的问题。（4分）

11. 罗琳在她的作品中还创造过哪些与中国有关的动物？（必须写出两个）

____

12. 中国古代神话有一个什么特点？

____

13. 麒麟有什么特殊的能力？

____

14. 凤凰的出现代表了什么？

____

四、根据文章内容，判断下列说法是对还是错，并用文中内容说明理由。（5分）

	对	错
15.《神奇动物：格林德沃之罪》于2016年上映。 理由：________________	□	□
16.“驺吾”是最受人们欢迎的神兽。 理由：________________	□	□
17.“驺吾”不吃自然死亡的动物。 理由：________________	□	□
18.中国古人通过神兽表达注重品行和尊贤重能的精神。 理由：________________	□	□
19.文化交流有助于大家对中国“神兽”的认识。 理由：________________	□	□

五、根据文章的内容，从右边选出最合适的结尾来完成左边的短句。（4分）

20.《神奇动物：格林德沃之罪》改编于 □

21. 驺吾破坏力极强， □

22. 神兽驺吾是影片的 □

23. 几千年前的中国神话给罗琳 □

A. 带来了灵感。

B. 小说《怪兽与它们的产地》。

C. 是一只很吓人的神兽。

D. “最佳新出场动物”。

E.《今日美国》。

F. 古籍《山海经》。

H. 第一次出现在罗琳的著作中。

六、根据文章的内容，把下面的段落和正确的段落大意搭配起来。（2分）

24. 第二段 □

25. 第四段 □

A. 影片中“驺吾”的特点

B. 罗琳从中国神话里获得了灵感

C. “驺吾”是一种什么样的野兽

D. 中国古代神话中蕴含的精神

听力练习

一、根据录音内容，回答下面的问题。（5 分）

1. 近来，在互联网上引起关注的图片里的作品曾经在哪里展出过？

____

2. 刺绣这个传统工艺有多久的历史？

____

3. 刺绣艺术在什么朝代开始兴盛？

____

4. 刺绣有多少种针法？

____

5. “星空·宇宙”系列作品用了多少天完成？

____

二、根据录音内容，选择正确答案。（5 分）

6.《意大利皇后爱丽娜像》这个刺绣作品曾作为国礼赠送给____。 □

A. 英国　　B. 法国

C. 意大利　　D. 柬埔寨

7. 刺绣的发展与_____。 □

A. 中国的养蚕缫丝业有关
B. 中国的绘画业有关
C. 中国的手工艺业有关
D. 中国的旅游业有关

8. 中国绘画艺术_____。 □

A. 单一
B. 开放
C. 粗犷
D. 细腻

9. 录音中提到的刺绣素材不包括_____。 □

A. 山水楼阁
B. 花卉禽鸟
C. 佛像人物
D. 轮船飞机

10. 中西方文化的交融和碰撞_____。 □

A. 给中国非物质文化遗产增添了生命力

B. 令刺绣艺术逐渐失传

C. 令中国传统民间工艺的传承遇到了困难

D. 给旅游业的发展提供了机遇

三、根据录音内容，判断下列说法的对错。（5分）

11. “星空·宇宙”系列作品第一次展出就火了起来。 □

12. 一幅刺绣作品甚至可以用上几千种颜色。 □

13. 按照西方油画做出来的刺绣作品与油画本身没有什么区别。 □

14. 刺绣艺人需要有精工细作的精神。 □

15. 中国人细致柔美的情感也体现在了刺绣作品中。 □

听力文本

令人震撼的艺术——中国刺绣

近来，有几幅图片在中国互联网上火了起来。这些图片曾经在第28届“国际天文联合会”上展出。起初并没有人在意，直到后来，参观者们才惊奇地发现，它们并不是太空望远镜拍出的高清照片，而是一针一线绣制而成的刺绣作品！

刺绣是一项在中国有着两三千年历史的传统工艺。春秋时期，中国社会就有了在衣服上刺绣图案的风俗。到唐宋之后，刺绣艺术逐渐兴盛。发展到现在，刺绣的针法已经有几十种，绣花线的每种色彩也都从浅到深分成很多种，一幅作品甚至有几百种颜色。在制作“星空·宇宙”系列作品时，作者至少用到了上百种丝线，由粗到细，不断交替，经过700多个日日夜夜才还原出星云的立体感和颜色的和谐变幻。据说，当时美国航空航天局的工作人员看后，被其精美程度震惊，忍不住多次上门求购。

然而，这并不是刺绣第一次让国外民众感到震撼。早在清朝，中国著名刺绣艺术家沈寿的作品《意大利皇后爱丽娜像》就曾作为国礼赠送给意大利，引起轰动。后来，英国女王伊丽莎白二世、法国蓬皮杜总统、柬埔寨西哈努克亲王等都曾获得精美的刺绣艺术品。

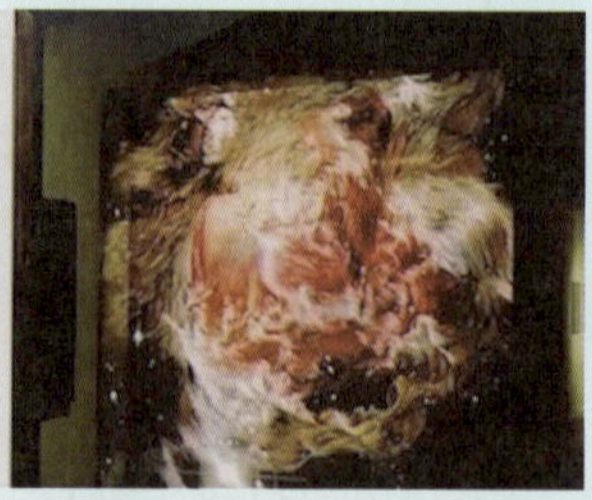

伴随着中国对外交流的扩大和刺绣工艺的不断创新，西方油画和素描等也都出现在了中国的绣布

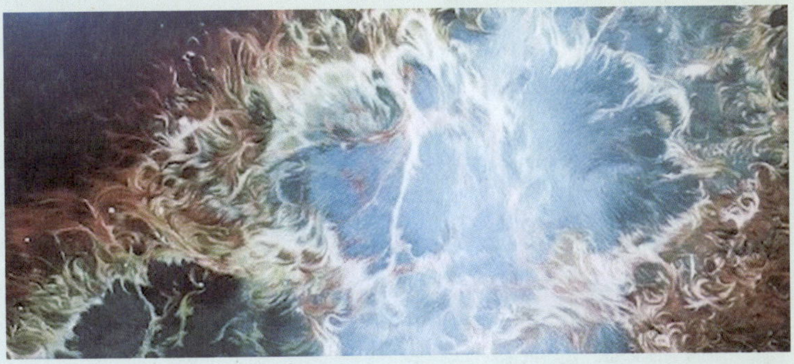

上，呈现得非常逼真。

刺绣展现着中国人精工细作的精神和细致柔美的情感。它的发展，一方面是因为中国有着历史悠久的丝绸制造历史，另一方面，中国绘画艺术细腻、含蓄，画中的山水楼阁、佛像人物、花卉禽鸟为刺绣艺人们提供了精致的刺绣素材。在中国不断“走出去”的过程中，中西方文化的交融、碰撞为中国传统民间工艺的传承提供了更多机遇和可能性，使得中国的非物质文化遗产有了无穷的生命力。

练习答案

阅读

1. B　2. A　3. D　4. D　5. B

6. 圈粉　7. 凶神恶煞　8. 瞬间　9. 反差　10. 日行千里

11. “中国火球”和“喜马拉雅雪人”

12. 崇尚高尚的德行

13. 能辨别好人和坏人

14. 天下太平

15. 错。于 2018 年上映

16. 对。最圈粉的，是一只来自中国的神兽，名叫“驺吾”。

17. 错。它只吃自然死亡的动物。

18. 对。中国古人把注重品行、尊贤重能的精神都幻化在了神兽身上。

19. 对。随着文化交流的增多……也让大家认识更多的来自中国的“神奇动物”。

20. B　21. C　22. D　23. A

24. C　25. D

听力

1.（第 28 届）“国际天文联合会”

2. 两三千年

3. 唐宋

4. 几十种

5. 700 多天

6. C　7. A　8. D　9. D　10. A

11. 错　12. 错　13. 对　14. 对　15. 对

文化瑰宝——马家窑彩陶

阅读文本

文化瑰宝——马家窑彩陶

2019年3月23日，中国国家主席习近平访问意大利期间，意大利返还了中国796件珍贵的文物——古朴的马家窑文化彩绘红陶罐、昂首嘶鸣的唐代彩绘骆驼、憨厚可爱的汉代陶猪俑……这些文物被逐个编上号码，列入“回家”的队伍。这批文物远至新石器时代近至明清民国时期，历史跨度长达5000多年。这么多珍贵文物历经漫长的“流浪”岁月，在各方的共同努力下终于回家。

在这796件文物中，马家窑文化红陶罐是彩陶的代表性作品。彩陶，是指在打磨光滑的橙红色陶坯上，用天然的矿物质颜料描绘，用赭石和氧化锰上色，然后放进窑中烧制的陶器。烧制好的陶罐在橙红的底色上会呈现出赭红、黑、白等多种颜色的美丽图案，纹样与器物的造型会达到高度统一。

在距今约10000年前的新石器时代，人类开始进行农耕生产，在这种条件下发明了烧陶技术。彩陶在8000年前诞生。大约在公元前3300年到公元前2100年，马家窑文化异军突起，达到了世界远古彩陶史的顶峰，创造了人类辉煌的彩陶文化。

马家窑文化是黄河上游地区新石器时代晚期文化，因最先发现于甘肃临洮的马家窑而得名。马家窑文化中的制陶工艺很成熟，因此当时的人们在日常生活中会使用大量精美的陶器，包括碗、盆、瓶、罐、

钵等。这些陶器多用粗壮的黑线构成复杂的花纹，花纹图案多达几十种，代表了当时人们的审美。

对于一个国家和民族来说，文物本身就是文化的根脉和灵魂。这次回归中国的文物牵出了一段又一段无法复制的历史。优美而古朴的彩陶，堪称中华民族远古文化的瑰宝。几千年来，随着制陶技术的不断发展，出现了各式的陶瓷艺术品，它们通过丝绸之路走向了世界，被更多的人熟知。我们对这些艺术品应该学会欣赏、珍视，了解它们所代表的文化特质，这是我们对中华民族文化的传承。

阅读练习

一、根据文章的内容，从下面各题的四个选项中选出正确答案。（5分）

1. 文物们被逐个编上号码，列入“回家”的队伍。“回家”的意思是_____。 □

A. 回到作者的家里　　B. 回到意大利

C. 回到中国　　D. 以上说法都不对

2. 这些文物属于什么时代？ □

A. 新石器时代　　B. 明清时期

C. 民国时期　　D. 以上三个年代都包括

3. 这批文物的制作年代跨度为_____。 □

A. 796 年　　B. 不到五千年

C. 正好五千年　　D. 不止五千年

4. 在这批文物中，彩陶的代表作是_____。 □

A. 唐代彩绘　　B. 汉代陶猪俑

C. 橙红色陶坯　　D. 马家窑文化红陶罐

5. 彩陶开始于_____。 □

A. 10000 年前　　B. 8000 年前

C. 3300 年前　　D. 2100 年前

二、从文章中找出与下面各项意思最接近的词语。（5分）

6.【第三段】出现、产生 ________

7.【第三段】一股引人注目的力量突然兴起 ________

8.【第四段】取得……的称呼 ________

9.【第四段】领会艺术品的美 ________

10.【第五段】传播和继承 ________

三、根据文章第四段和第五段的内容，回答下面的问题。（3分）

11. 马家窑文化是如何得名的?

____

12. 马家窑文化中的哪一项发展得非常好?

____

13. 为什么每个国家都重视文物保护?

____

四、根据文章内容，判断下列说法是对还是错，并用文中内容说明理由。（5分）

	对	错
14. 意大利返还的文物包括了昂首嘶鸣的骏马。 理由：________________________________	□	□

对　错

15. 放进窑中烧制后，陶罐上会出现黑白的图案。 □ □

理由：

____

16. 新石器时代，人们开始从事农耕生产。 □ □

理由：

____

17. 公元 3300 年左右，马家窑文化达到了世界彩陶史的顶峰。 □ □

理由：

____

18. 马家窑地处长江沿岸地区。 □ □

理由：

____

五、根据文章的内容，从右边选出最合适的结尾来完成左边的短句。（4分）

19. 珍贵的文物在各方的共同努力下 □

20. 人们日常生活使用的陶器 □

21. 随着制陶技术的不断发展， □

22. 彩陶不仅是文化传承的象征， □

A. 包括碗、盆、瓶、罐、钵等。

B. 各式精美的陶瓷艺术品纷纷出现。

C. 终于可以回家。

D. 更是人们生活家居的艺术品。

E. 通过丝绸之路走向了世界。

F. 被更多的人所熟知。

G. 牵出一段又一段无法复制的历史。

六、根据文章的内容，把下面的段落和正确的段落大意搭配起来。（3分）

23. 第一段 □

24. 第二段 □

25. 第五段 □

A. 马家窑文化红陶罐是彩陶代表性作品

B. 对文物的珍视和了解是对本民族文化的传承

C. 彩陶的烧制过程和艺术特性

D. 马家窑彩陶达到了世界远古彩陶史的顶峰

E. 一批珍贵文物在各方努力之下回归中国

F. 马家窑彩陶的诞生与农耕文明有着密切联系

听力练习

一、根据录音内容，回答下面的问题。（5分）

1. 使用智能垃圾桶的第一个步骤是用手机做什么？

____

2. 现在，全中国城市一年产生多少生活垃圾？

____

3. 每年的什么时候是世界环境日？

____

4. 2018年11月，习近平主席去了哪里考察垃圾分类推广工作？

____

5. 录音中提到了哪两个城市是智能垃圾桶的试点城市？

____

二、根据录音内容，选择正确答案。（5分）

6. 使用智能垃圾桶倒垃圾可以______。 □

A. 积分兑换生活用品　　B. 不弄脏双手

C. 不弄脏衣服　　D. 马上进行垃圾分解

7. 养成垃圾分类的好习惯_____。 □

A. 对培养扔垃圾的操作十分重要　B. 对普及智能垃圾桶很重要

C. 对发现环境问题特别重要　D. 对改善生活环境非常重要

8. 习近平主席表示，垃圾分类工作就是_____。 □

A. 新做法　B. 新时尚

C. 新目标　D. 新习惯

9. 智能垃圾桶的一个功能是_____。 □

A. 将垃圾实时焚烧　B. 将垃圾实时分解

C. 将垃圾实时称重　D. 将垃圾实时运走

10. 扔垃圾不是一件_____。 □

A. 社会文明的大事　B. 日常生活的小事

C. 影响环保的实事　D. 必须从事的职业

三、根据录音内容，判断下列说法的对错。（5 分）

11. 中国的所有大中小城市都已经在使用智能垃圾桶了。 □

12. 环境问题和城市发展有密切的关系。 □

13. 绿色发展就是多种树，跟扔垃圾没有什么关系。 □

14. 使用智能垃圾桶时也能了解政府有关垃圾分类的政策。 □

15. 很多人认为使用智能垃圾桶太麻烦，因此不喜欢用。 □

听力文本

使用智能垃圾桶成为新时尚

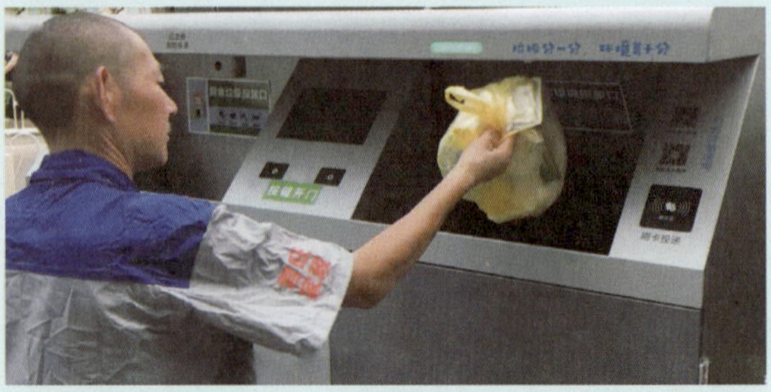

打开手机软件，扫描垃圾桶上的二维码，将垃圾倒进去，就会显示出垃圾的重量，并且可以积分——这就是垃圾分类的智能装置“智能垃圾桶”。现在，这种智能垃圾桶及这一系列扔垃圾的操作，在中国的一些大城市已经开始推广。

目前，全中国城市生活垃圾产生量一年已经超过2亿吨，带来的环境问题成为城市发展的一大“痛点”，因此，普及垃圾分类就变得特别重要。在2019年6月5日世界环境日到来之际，中国国家主席习近平强调，每个人都要培养垃圾分类的好习惯，为改善生活环境齐努力，一起来为绿色发展、为可持续发展做贡献。在2018年11月，习近平在上海考察社区垃圾分类推广时也曾表示，垃圾分类工作就是新时尚。

在中国的北京、上海等城市，多种具备不同功能的智能垃圾桶正在各个小区陆续试点。比如北京某小区的一种智能垃圾桶的液晶显示屏会实时更新政府推出的有关垃圾分类的相应政策，演示分类步骤，还可以实时称重，结算积分，居民可以用积分兑换生活用品。还有更加智能化的垃圾桶，桶身上的液晶显示屏内部装有传感器，当人们往垃圾桶里面扔垃圾时，垃圾桶能自动识别扔进去的垃圾，并将垃圾虚拟成各种不同形状的小方块，在显示屏上显示出垃圾应该落入的正确区域。这样的智能垃圾桶每使用一次都是一堂环保小课，所以小区住户们都非常欢迎。

扔垃圾虽然是一件日常生活的小事，但也是关系社

会文明的大事，更是能影响中国环境保护的实事。随着智能垃圾桶进入人们的日常生活，垃圾分类的理念也会更加深入人心。从小事做起，建设一个更加绿色、美丽的居住环境将不会遥远。

练习答案

阅读

1. C　2. D　3. D　4. D　5. B

6. 诞生　7. 异军突起　8. 得名　9. 审美　10. 传承

11. 因最先发现于甘肃临洮马家窑而得名

12. 马家窑文化中的制陶工艺很成熟。

13. 文物本身就是文化的根脉和灵魂。

14. 错。昂首嘶鸣的唐代彩绘骆驼

15. 错。呈现出赭红、黑、白等多种颜色的美丽图案

16. 对。在新石器时代，人类开始进行农耕生产。

17. 错。公元前 3300 年

18. 错。马家窑文化是黄河上游地区新石器时代晚期文化

19. C　20. A　21. B　22. D

23. D　24. C　25. B

听力

1. 扫描垃圾桶上的二维码

2. 2 亿吨

3. 6 月 5 日

4. 上海

5. 北京和上海

6. A　7. D　8. B　9. C　10. D

11. 错　12. 对　13. 错　14. 对　15. 错

出版策划：王君校　　韩　晖
统筹协调：付　眉　　韩　颖　　彭　博
策划编辑：韩　颖
责任编辑：杨　晗
封面设计：几何创想
印刷监制：汪　洋

图书在版编目（CIP）数据

IBDP中文B听读精练·HL·3 / 冯薇薇主编. -- 北京：华语教学出版社，2020.5
ISBN 978-7-5138-1949-7

Ⅰ. ①I… Ⅱ. ①冯… Ⅲ. ①汉语—听说教学—对外汉语教学—教学参考资料 Ⅳ. ①H195.4

中国版本图书馆CIP数据核字(2020)第045497号

本册图书中的阅读及听力文本由中国网提供。

IBDP中文B听读精练·HL·3
冯薇薇　主编
*

华语教学出版社有限责任公司出版
（中国北京百万庄大街24号　邮政编码100037）
电话：(86)10-68320585, 68997826
传真：(86)10-68997826, 68326333
网址：www.sinolingua.com.cn
电子信箱：hyjx@sinolingua.com.cn
大厂回族自治县彩虹印刷有限公司印刷
2020年（16开）第1版
2020年第1版第1次印刷
ISBN 978-7-5138-1949-7
006900